地域化講座

地域づくりは国づくり

天一国時代の伝道論

入山聖基
Seiki Iriyama

光言社

はじめに

「地域化」という言葉がよく使われるようになったのはつい最近のことです。なぜこのような言葉が出てきたのでしょうか？　それは、「時代が変わった」からです。時代の要請で生まれてきた言葉なのです。

天の摂理の目的は不変なものですが、その手段は時代に合わせて変化もします。

「今は成約時代ではなく、天一国時代です」と、真《まこと》のお母様が語られています。

「天一国時代」にふさわしい教会づくりが始まったのです。

「天一国時代」は、神氏族メシヤの時代です。ですから、神氏族メシヤが活躍できる教会づくりが必要です。

今まで、教会の活動と氏族メシヤ活動は希薄でした。しかし本当は、教会の成長（発展）と氏族メシヤの勝利は、車の両輪のように、同時並行的に、共になされるはずだったのです。

今日を迎えるまで、誰もが全力投球、死生決断、実践躬行《きゅうこう》で歩んできました。

いったい、何が足りなかったのか。それを明確にすることが、新しい出発には必要になるでしょう。

　これまで、氏族メシヤ活動といえば、ともすれば各家庭がなすべきものと考え、孤立しがちであったように思います。神氏族メシヤの立場に立つ祝福家庭は、氏族のアベルです。もう一度、アベルのなすべきこと、カインとの関係などを、復帰摂理と真の父母様の勝利路程を確認しながら、神氏族メシヤの勝利の道を探りたいと思います。

「天一国時代」は、天一国を定着・安着させていく時代です。

　長かった、荒野移動時代は終わりました。したがって、天国は「行くところ」ではなくなりました。私たちは、天国に「到着する」時代を迎えたのです。

　ですから、「天国はどこですか?」と聞かれたなら、「ここですよ」と、自分の足元を指し示すべき時代となりました。これまでの経験では、誰も答えを出せない、新しい時代なのです。

　一人のリーダーだけが答えを知っていて、そのリーダーに従ってさえいれば勝利できる時代ではなくなりました。

　何をつくりたいのか、何をすべきなのか、一人一人が知っていて、協力し合いながら、共に考え、共につくり出すことが必要なのです。

「天一国時代」は、実体的な天一国主人の時代です。真の父母様は、天国は、「つくるもの」だということを教えてくださいました。主体的に天国をつくる人が、「天一国主人」です。自分の家は自分で建てるように、自分の国を自分でつくる時代です。それは、自分の住んでいる足元の「地域」から始まります。

地域化とは、地域の天一国化です。そこには、苦労もありますが、建設する喜びと希望が生まれてくるでしょう。

「地域教会づくりが国づくり」であり、「地域集会づくりが国づくり」なのです。本書が、そのための一助になれば幸いです。

二〇一八年十月

入山聖基

目次

第一章 カインの祭物

復帰の心情

「復帰摂理とは、堕落した人間に創造目的を完成せしめるために、彼らを創造本然の人間に復帰していく神の摂理をいう」（『原理講論』「緒論」２７１ページ）

これは、『原理講論』の後編、「緒論」の最初の一文ですが、この一文の中に、これから復帰摂理を始めようとされる、「神様のこころ」、魂が込められていることを感じます。人間は、神様の愛の結晶としてこの地上に現れました。ところが、人間は堕落し、神様を裏切ってしまったのです。

それは、神様の真《まこと》の愛に対する裏切りでした。自分を真心から愛してくれた方を裏切り、その心を踏みにじったのです。それが罪の本質です。堕落人間は、この、「愛の負い目」を今日まで背負い続けてきたのです。

神様の息子、娘として、天使もうらやむような光り輝く存在だった人間は、堕落によってサタンの息子、娘の姿を見せるようになりました。どれほど醜く、絶望的な姿でしょう。

理想高き、真の父母なる神様からすれば、見たくもない子供たちの姿でしょう。「そんな現実は見たくない」、と切り捨てたくもなる気持ちは、私たちが同じ親の立場で考えても理解できることでしょう。

しかし、私たちが知った神様は、そのような人間に対して、どのような態度を取られたのでしょうか?

「堕落した人間に創造目的を完成させる」。これが、神様の決意です。しかし、それは極めて困難なことでした。少なくとも、二つの理由で困難なことです。

第一に、時間の問題です。

過ぎ去った時間は元に戻せません。堕落する前の時間に戻すことはできません。

第二に、血統の問題です。

一度生まれた血統は子々孫々、続いていきます。それゆえに命懸けで血統を守らないといけないと戒められたのです。一度堕落による偽りの血統が成立したなら消し去ることは難しいのです。原理的に見て、極めて困難なことなのです。

しかし、神様は、その困難な状況から、それを実現すると決意されたのです。それを実現する一つの方法がありました。それは、原理の力よりも強い力を使うことです。それは、愛の力です。真の愛の力だけが原理の力を超越するのです。神様は、真の愛で、堕落した我が子である人間を、堕落する前の創造本然の姿に戻すことを決意されたのでした。神様の摂理は最初から、ある意味で「不可能を可能にする」という道だったのです。

しかし、現実には、その道は困難を極めました。

真の父母様がこの地上に現れ、勝利されるまでの六千年間、復帰の摂理は失敗の連続でした。すべては人間の責任分担が果たされなかったゆえの失敗でした。それでも、神様は最初の決意を貫かれました。

「我が子を救う」という最初の決意が、六千年の苦難という岩盤をも貫く強さをもっていたのです。それが、神様の人間に対する意志であり、変わらないこころ、すなわち愛なのです。

そのような神様の復帰の心情が、最初にありました。それが今日の私たちに、救いの奇跡をもたらしたのです。

善悪の母体

復帰摂理は、アダム家庭から始まりました。しかし、神様はアダムとエバをアダム家庭の中心人物に立てることができませんでした。なぜでしょうか？　それは、アダムとエバが「善悪の母体」になってしまったからです。

「善悪の母体」とは、どういう状態なのでしょうか？

神様がアダムを創造したという事実は、アダムが堕落したとしても変わりません。アダムは本来、神様のものです。しかし、アダムが堕落することによって神様の血統を失いました。

〝神に対する心情を失うようになり、サタンの血統を受け継いだのです〟（参照、『原理講論』557ページ）

これは、血統と心情がつながっていることを教えています。以後、アダムおよびその堕落の血統を受け継いだ人類は、良心と邪心の二つの心の葛藤に苦しめられるのです。

本来、神様のみに対応して生活する立場、すなわち、神様の声だけが聞こえる立場であったのに、堕落することでサタンの声も聞こえてしまい、それを無視できない、〝中間位置〟に置かれるアダムとなりました。これが善悪の母体という状態なのです。

神様の事情が頭では理解できても、心はサタンに近かったのです。自己中心に傾くと、神様の気持ちより、サタンの気持ちのほうがよく理解できるのです。

アダムとエバの二人には、自らの堕落行為に対して、「自分のせいではない」と自己正当化したい思いがありました。そして、自らの行動の結果に対して自分の責任だと受け止めきれず、「神様（親）のせい」あるいは、「サタンのせい」だと責任転嫁したのです。それが「恨み」です。それは、サタンとなった天使長ルーシェルとまったく同じ心理構造です。

このような状態では、神様はアダムとエバを復帰摂理の中心に立てることができませんでした。

もし、アダムとエバが堕落したのちに、自分の取った行動とその結果に対して、自分の責任だと受け止めて、「悔い改める」ことができたならば、そこに救いの余地が生まれ、人間の責任分担を取り戻す、復帰の摂理がより容易に展開されていたことでしょう。

今日の私たちも、これとまったく同じ信仰課題を抱えていることがあります。頭では、神様の事情が分かっていても、心は、自分の事情でいっぱいになり、自分の行動の結果を受け止めきれず、自己正当化と責任転嫁に満ちて、恨みを持ってしまっているとしたなら、それこそまさしく、神様の前に「善悪の母体」となったアダムとエバと同じ姿なのです。それでは復帰摂理の中心人物に立てません。

カインの祭物

アダムとエバ（父母）が摂理の中心に立てなかったがゆえに、代わりにカインとアベル（子女）を立てる摂理が始まりました。

それは、「善悪の母体」となったアダムとエバの立場を二つに分けて一つにする、「善悪分立摂理」を行う必要が生じたためでした。

アベルはアダムを身代わりし、カインは天使長ルーシェルを身代わりして、その関係の蕩減《とうげん》を清算するようになりました。それで、アベルとカインの二人は同じ父母から生まれた兄弟でありながら、それぞれ「善の表示体」と「悪の表示体」という「役割」を背負うことになったのです。

「表示体」とは役割のことです。ですから、アベル＝善人、カイン＝悪人ということではありません。あくまで蕩減的に負わされた、「役割」であり、ポジションなのです。

映画やドラマの世界にも悪役がいます。「悪役商会」という、悪役を演じる俳優さんたちのグループがあります。彼らは、見た瞬間に「悪人」と分かるほどの悪人の形相をしていますが、本人が本当に悪人かどうかは分かりません。実際は人のいいおじさんたちなのかもしれません。彼らはあくまでも、「役割」を演じているだけなのですから。

「アベルの祭物」は神様に受け取られ、祝福されましたが、それはアベルの精誠条件とともに、その「役割」、すなわち蕩減復帰摂理上の立場ゆえだったのです。一方、「カインの祭物」は受け取られませんでした。それもまた、摂理的な「役割」のためだったのです。

「アベルの祭物を受け取られた神様の立場と、カインの祭物を受け取られなかった神様の立場が、互いに異なるもののようですが、そうではなかったことを知らなければなりません」（天一国経典『天聖経』1046ページ）

ここには、複雑な事情を抱えた、「神様のこころ」が現れています。

神様は、アベルの供え物は受け取り、カインの供え物は受け取りませんでした。つまり二人に対する態度が違っていたわけです。普通に考えれば、態度は感情を表しますから、好き嫌いや、愛しているか愛していないかという、心の表れであるはずです。つまり、態度だけを見れば、神様は、アベルは好きで愛していて、カインは嫌いで愛していないということになります。しかし、み言《ことば》によれば、そうではないというのです。

神様の態度は違っていても、心すなわち愛する想《おも》いは同じだったのです。神様はカインの供え物は受け取られなかったけれども、カインを愛していたのです。それは、復帰摂理を始められた最初の「神様のこころ」が分かれば理解できるでしょう。悪に近いからといって、その子供を捨てる神様ではありません。

「カインに、天の立場を身代わりしていたアベルを通そうという思いが少しでもあったならば、神様はカインの祭物を取られたでしょう」（天一国経典『天聖経』１０４６ページ）

（蕩減）条件のない復帰はない――というのが、復帰の原理です。したがって神様は、無条件に供え物を受け取ることはできません。しかし、ある条件さえ成立すれば、「カインの祭物」を受け取りたかった、祝福してあげたかった、つまり救いたかったのです。

神様はアベルの祭物を受け取りながら、その目は、「カインの祭物」にも熱く注がれていたのではないかと思うのです。そして、いつの日か、「カインの祭物」を受け取れる日が来ることを待望されたに違いありません。

カインの供え物を受け取ってあげたくても受け取れなかった神様のこころは、いかばかりだったでしょうか。

すれ違った想い

神様はカインも愛していました。

復帰摂理における救いの対象は、アベルだけではありません。カインもその対象です。むしろ、条件的に一番神様から遠いカインが救われてこそ、救いの目的が成就するのです。しかし、カインにはそれが分かりませんでした。

供え物を取られなかったとき、「カインは大いに憤って、顔を伏せた」（創世記四・5）という話を聞けば、カインが受けたショックのほどがうかがえます。カインもまた、アベルと同じように、神様に供え物をし、受け取られ、祝福され、認められたかったという強い気持ちを持っていたことを表しています。

確かに、サタンの血統となったアダム家庭の長子として、堕落の影響を受けやすい立場にあったカインは、悪人となる素養を持っていたかもしれません。血気怒気に走りやすい、粗暴な性格だったかもしれません。しかし、だからといって救われたくない、神様の祝福を受けたくないとは限りません。

カインもまた、自分の中の悪に苦しみながらも、救いを求めていたのです。その心の叫びを、誰が理解してあげるべきだったのでしょうか？

結果としてカインは、アベルに嫉妬し、殺してしまいました。神様に供え物を受け取ってもらえなかったことが、事件の発端になっています。

カインは、間違った思い込みをしました。供え物を顧みられない神様の「態度」を見て、自分は神様に嫌われていると思い、存在が否定されているかのように思ったのです。親から見捨てられた子供のような気持ちになりました。「自分は親から愛されていない」という思いは、絶望をつくりだし、「もうどうなってもいい」と、自暴自棄になりました。

そして人を殺す――。これがカインが殺人者となった動機です。

最近、日本の社会において、「だれでもよかった」という直接の怨恨関係なき、通り魔的な殺人事件がしばしば起こります。そうした事件の背景を見ると、親から見捨てられたと思うような家庭環境があることが多く見られます。皮肉なことですが、人は愛がなければ生きられないことを示しているのです。

彼らは世の中に腹を立てながら、自分という存在に腹を立てているのです。彼らは人を殺しながら、実は自分をも殺しているのです。自殺者の動機も、殺人者の裏返しで、同じ面があるように思えます。

自分は神様、親から愛されていない――カインはそう思っていたのです。

カインが抱いた思いが、現代社会においてもそのまま続いていることが分かります。偽りの愛に基づく思いが新たな生命を生んで、それが血統として後孫までつながっていくのです。

神様はカインを愛しています。悪人をも救おうとしています。しかし、カインは神様から愛されていないと思い込んでいます。想いがすれ違っているのです。これほど切ない話があるでしょうか？

「わたしは、それでもおまえを愛している」という神様のこころがカインのこころに届くとき、その恨みが解けていき、復帰が始まるのです。

アベルの立場

このような神様のこころを誰が理解すべきだったのでしょうか？　アベルです。そうすべきだったのがアベルの立場であり、使命でした。

アベルは神様から供え物を顧みられ、祝福を受けました。その時、「祝福」と同時に摂理の中心人物としての「責任」も授かっていたのです。

そこには大きく見て、二つの責任（使命）がありました。

第一に、摂理の中心人物は、「神様のこころ」を知らなければなりません。そして「神様のこころ」を「私のこころ」としなければなりません。

アベルが、アダム家庭を見つめる「神様のこころ」を正しく知っていたとすれば、「堕落した人間に創造目的を完成させる」という、神様の決意が分かったはずです。そして、神様が、兄カインをも愛し、「カインの祭物」をも受け取りたいことを知ったはずです。

「ああ、神様は兄さんも愛していて、供え物も受け取り、救いたいのだ」

これが分かったとするなら、まったく違う摂理的展開がなされたでしょう。

復帰原理では、「信仰基台」とは、中心人物がある条件を立ててある期間を守ることだとあります。それは外的な行動目標にすぎません。その内的な復帰目標は、「神様のこころ」を知ることではないでしょうか。そしてそれを、「私のこころ」とすることでしょう。

第二に、摂理の中心人物は、「兄カインのこころ」を知らなければなりません。カインは、「地に顔を伏せて憤る」ほどに、供え物を受け取られなかったことにショックを受けました。カインは、サタンの血統を受け、粗暴な性格であったとしても、そういう自分に満足していたでしょうか。悪人においても、良心は、「神様に帰れ！」と命じるのです。

兄カインの「救われたい！」という心の叫びを、アベルが知ってあげなければなりませんでした。

「神様のこころ」を知り、「兄のこころ」を知り、それを一つに結んであげること、それが「アベルの立場」に課せられた「責任」だったのです。

もし、その責任を果たしていたら、アベルは殺されることはなかったでしょう。アベルは、「カインのこころ」を知ることができなかったために殺されたのです。

「恨み」というのは、大変な思いをしたこと自体がその原因ではなく、それを誰にも分かってもらえなかった、という愛の減少感が原因となって心に蓄積されていくものです。ですから、それを分かってくれる人が現れると、それ以上恨むことができなくなってしまいます。まさに「解恨（解怨）」です。アベルはカインを解恨する使命を持っていたのです。

しかし、実際には、聖書に描かれたアダム家庭において、アベルが「神様のこころ」を理解していたでしょうか？　そして、「兄カインのこころ」をつかんでいたでしょうか？　そうではなかったと思われます。アベルの心のアンテナは、ただ「祝福を受けた」という自分だけの喜びに向けられていたのです。

こうして、アダム家庭における神様の摂理は失敗となってしまいました。神様のこころだけが残っていました。そのこころはどれほど痛んだでしょうか。

こうして、摂理的な「アベルの立場」は空席となりました。

その後、復帰摂理の中心テーマとして、「アベルの立場を復帰する」「アベルの立場に立つ」という表現が、『原理講論』に繰り返し登場してくるのです。

この、失われた「アベルの立場」を全うする者を、神様は探し続けられました。それが、復帰摂理歴史の表題なのです。

犠牲と護《まも》り

カインとアベルは摂理的な運命共同体の関係です。

二人は同じ摂理的目的の中にありました。摂理的には一つにつながっているのです。カインのないアベルもなく、アベルのないカインもありません。すなわち、「供え物を受け取られた」アベルと、「受け取られなかった」カインは、摂理的には一つにつながっていました。（蕩減）条件のない復帰はないのが蕩減復帰原理であるがゆえに、神様は無条件にカインの祭物を受けることはできませんでした。しかし、もし何らかの（蕩減）条件があったなら、神様がカインの祭物をも取られ、祝福されるというシーンが準備されていたのです。

結局、アベルは死に、カインも殺人者として霊的に死人と同じ立場になりました。摂理的には、二人とも死んだのと同じ立場になってしまったのです。二人の関係は、どちらかが勝利して、どちらかが敗北するというものではありません。二人が一つになってこそ、共に生きる道が開かれるのです。そして、一つになれなければ、二人とも死んでしまうという、運命共同体だったのです。

神様の摂理には、犠牲と護りが表裏一体となって現れます。アベルが天から護られ、祝福されて有頂天になっているときに、カインは否定され、犠牲となる立場に立たされていたのです。それはカイン自身の罪ゆえでなく、アダムとエバという堕落した父母の罪の蕩減ゆえであり、「悪の表示体」という摂理的立場のゆえだったのです。

「カインは愛の初めの実であるので、その最初のつまずきであった天使長との愛による堕落行為を表徴する悪の表示体として、サタンと相対する立場に立てられた」（『原理講論』292ページ）

「天運守護」という言葉があります。これは天の祝福があるところには天運があり、天運があるところには護りがあるということを意味しています。

ですから、天の祝福を受けられないということは、「護られない」ということです。

それは、先祖の罪の蕩減のままにすべての苦痛を受けなければならないということです。

病気、事故、怪我、人間関係の不和、強い悪の誘惑に遭うというような、悪い因縁から来る運命的な苦労が色濃く現れるのです。

ここに、「サタン世界で生きる苦しみ」があります。

同じ父母から生まれた兄弟であっても、摂理的家庭においては、その摂理的立場によって、受ける蕩減の内容は同じではなく、その違いがよりはっきりと現れるということを意味しています。

誰かが天の護りを受けているとき、その裏で誰かが犠牲になっている。

私が否定され、犠牲になっているとき、その表で誰かが護られている。

このような現象が、皆さんの兄弟姉妹や親族に現れていませんか？

蕩滅が強く現れた人は、親族から嫌われたり、疎《うと》まれたり、裁かれたりする対象になっているかもしれません。

より善に対する強い意識を持っている私たちが、蕩滅の先鋒《せんぽう》に立っている可能性もあります。

しかし、親族と私たちの両者が、摂理的につながっているとしたら、どう思いますか？そんなことも知らずに、ただ私だけが天の祝福を受けたと喜んでいる――。それでは、アダム家庭におけるアベルの姿とまったく同じなのです。

復帰の摂理の中では、誰かが天の護りを受け、神様の祝福を受けている裏で、誰かが否定され、犠牲になっているのです。

復帰摂理の最終ランナー

神氏族メシヤは復帰摂理の最終ランナーです。

アダム家庭の摂理において、アベルがその立場を全うできなかったゆえに、空席となってしまった「アベルの立場」を勝利してくれる中心人物を天は探し続けました。その最終的な終着地が神氏族メシヤなのです。ここにおいてはじめて復帰摂理歴史の初めと終わりが一本につながるのです。

神氏族メシヤは氏族のアベルです。「アベルの立場」に立つ者は、二つのこころを知らなければなりません。

第一に、「神様のこころ」を知らなければなりません。

神様が、いまだに復帰されていない氏族をどれだけ祝福し、救いたいかという熱い想いを知らなければなりません。そしてその「こころ」の火を私の心に写してこそ、あらゆる困難を貫いて最後まで使命を全うできる原動力を持つことができるでしょう。

第二に、「兄カインのこころ」を知らなければなりません。

カインとは、いまだに復帰されておらず、神様の祝福を受けられずにいる氏族や地域の人々です。その人々は、神様の護りを受けられない環境の中で苦しみながら生きています。悪なる姿をさらしながらも、心の底では、「救われたい！」と叫びながら、神様の救いを求めています。その「こころ」を知らなければなりません。

そして、「それでもおまえを愛している」という「神様のこころ」を、「私は神様から愛されていない」と思っているカイン的人生観に立つ氏族や地域の人々の心の中に届けなければなりません。

「犠牲と護り」で考えてみましょう。

私が天の祝福を受け、天から護られてきた背後で、祝福を受けられずに生きていて、先祖の蕩滅のままに、病気、事故、怪我、人間関係の不和、強い悪の誘惑を受けるという犠牲を受けている兄弟、氏族がいることを知らなければなりません。

神様の祝福を受け、真理を学んでいる私たちが正しいのだから、話を聞くべきだとどんなに訴えても、それだけでは故郷の親族を復帰することは簡単ではありません。

それは、アベルの立場だけで摂理を考えていたからです。カインにも立場があるのです。

私たちが天から祝福を受け、愛され、護られてきたのは、神様の代わりにカインの立場にいる氏族を愛するために与えられた恩恵だったのです。それなのに、自分が天の祝福を受けた者なのだから、絶対に正しく、自分に従うべきであるという考えでカイン圏の人々に接したらどうなるでしょうか?

さらに、その結果、自分を受け入れず、理解しない家族や氏族をむしろ恨んでしまっていたら……。自分がみ旨の道にいるからといって、自分が一族の中で一番善であり、一番犠牲を捧げていて、一番苦労していると考えながらも、その苦労を信仰で消化できず、さびしく思い、恨みになってしまっていたら……。

み旨の苦労ゆえに感謝できない思いで心がいっぱいになっている状態では、決して、「カインのこころ」、「サタン世界で生きる苦しみ」は見えてこないでしょう。

氏族のアベルである私たちは、カイン圏にいる人々の立場に立って考えるならば、氏族を神様のもとに復帰するという同じ摂理の中で、立場が二つに分かれた人々の心が一つにつながって、共に生きることができる道が開かれるのです。

第二章

ヤコブの信仰と成長

出郷の目的は「成長」

カインとアベルが一体化できなかった蕩減《とうげん》を背負って復帰摂理歴史上に立ったのが、エサウとヤコブでした。

エサウとヤコブはふたごの兄弟です。カインがアベルを殺したくなったように、二人は家督相続問題で殺人事件にまで至りそうな険悪な関係になっていきました。

しかし、母リベカはそれを察知して、事件が起こる前に、ヤコブをハランに住む自分の兄、ラバンのもとに送り出しました。ヤコブはそこで二十一年もの間、「ハラン苦役」と言われる大変な苦労の道を行ったのでした。

このことに対して、史吉子《サギルチャ》先生（三十六双）の『原理に関する御言《みことば》の証《あかし》』には、次のように書かれています。この証《あか》し集には、史吉子先生が、真《まこと》のお父様から直接「原理」について教わった貴重な証しがいくつも掲載されています。

「ヤコブはエサウが持っている長子権を奪おうと、エサウを二度も欺きました。レンズ豆のあつものをもって欺き、父親のイサクの祝福を受ける時も欺きました。ところで実は、それは原理の道ではなかったのです。…（中略）…ヤコブが長子権を相続する思いがあったのなら、兄によく仕えて、兄によくしてあげなければならなかったそうです。そうすれば兄が感動して、『そうだ、お前が私より賢くて、すべてにおいて私より優れているから、お前が兄になるべきだ』と言ったはずです。ヤコブがこのように兄を自然屈伏させたら、凄まじい蕩減路程を行かなかったそうです」（『原理に関する御言の証』３１３ページ）

ヤコブは兄エサウから長子の嗣業を奪い、外的には長子権を復帰しましたが、「おまえのほうが長子にふさわしい」と言わせるような、内的な復帰が成されていなかったというのです。それで、あとからエサウが、「奪われた」と言って恨むようになり、「エサウは父がヤコブに与えた祝福のゆえにヤコブを憎んだ。エサウは心の内で言った、『父の喪の日も遠くはないであろう。その時、弟ヤコブを殺そう』」（創世記二七・41）という怨讐《おんしゅう》関係になってしまったのです。

その時のヤコブには、兄を愛で自然屈伏させるだけの人格的基盤が足りませんでした。人格の基盤となるのは心情であり、信仰です。神様と私の強いつながりと愛が必要です。苦役する前のヤコブには、それが足りませんでした。

それで、それを復帰するために、ヤコブは出郷の道を行くようになったのです。摂理的に見ると、それがヤコブ出郷の目的の一つです。

ヤコブがハラン苦役に出されたのは、兄エサウを屈伏できる人格的基準まで「成長する」ためだったのです。

結果として、ヤコブは、二十一年間故郷を離れることになります。異郷の地ハランで、ラバンおじさんから僕《しもべ》のように扱われ、十回もだまされるような目に遭いました。しかし、ヤコブはその試練を一つ一つ克服して、たくましく成長していったのです。

ここで、人間の原理的な成長期間を考えてみましょう。

誕生から個性完成まで蘇生《そせい》期七年・長成期七年・完成期七年の二十一年になっています。ヤコブの苦役路程も、二十一年間です。これは、偶然とは思えません。

人間の堕落は、人間の責任分担、すなわちみ言を守りながら成長期間を全うできなかったことですから、「成長できなかった」という蕩減なのです。復帰とは、失われた「成長（期間）」を取り戻すことであり、蕩減条件とは「成長すること」という見方もできるしょう。

信仰的確信を持つ

出郷したヤコブは、納得していなかったことでしょう。イサクの家族の中で、人を殺しそうな危険人物は、長子の嗣業を奪われたことを怨《うら》んでいる兄エサウです。常識で考えれば、家族から遠ざけなければならないのは、エサウのほうでしょう。しかし、家を出されたのはヤコブでした。

「人を殺しそうなのは兄さんなのに、なぜ自分が罪人の逃避行のようにたった一人で故郷を離れ、両親に別れを告げて、見知らぬ地ハランへ向かわないといけないのだろうか」

まったく理解できなかったはずです。

ヤコブはすでに、外的には長子の嗣業を相続していました。家督を相続したれっきとした家長なのです。それがなぜ家を出ないといけないのか、まったく分からなかったはずです。こういう思いがあったために、整理されない、悶々《もんもん》とした複雑な気持ちで、家を出たはずです。家族からも、神様からも見捨てられたような疎外感を感じたことでしょう。もし、そのような心のまま、ラバンおじさんのところに行き、無慈悲な苦役を課せられたとしたら、きっと受け止めることができず、恨みの塊になったかもしれません。

そんなヤコブに転機が訪れました。

ヤコブは荒野で野宿をしました。そこはルズで、のちにヤコブがベテルと名づけた地です。荒野には当然、街灯はありません。真っ暗な中で火を起こし、その火を見詰めながら、いろいろなことを考えたでしょう。それでも答えがないのです。涙も流したことでしょう。泣きながら石を枕に眠りに就いたヤコブは、幻を見ました。天に架かるはしごを、天使たちが上り下りする光景です。

そして、そこから聞こえてきたのは、「わたしはあなたの父アブラハムの神、イサクの神、主である。……わたしはあなたと共にいて、あなたがどこへ行くにもあなたを守り、あなたをこの地に連れ帰るであろう」（創世記二八・13―15）という神様の声でした。

ヤコブは、飛び起きて叫びました。

「まことに主がこの所におられるのに、わたしは知らなかった」（同、二八・16）

神様が自分と共におられることを、そのときに「知った」と言っているのです。ヤコブにとって、神様が「私の神様」になった瞬間でした。

神様はいつも私と共におられ導いてくださっていたのに、私は気がついていなかったと、心から悔い改めたのです。


ここにおいて、私たちは信仰の核心とは何かを学ぶことができます。

「神様は、私が良いと思うときも、悪いと思うときも、いつも私と共におられ、私を行くべきところに導かれる」

これが、そのときヤコブがつかんだ信仰的な確信です。

私たちは、いいときは神様を信じますが、悪いように思えることが起こると、神様を見失ってしまうことがあります。起こる出来事によって、神様を信じたり信じなくなったりするのでは、本当の信仰とは言えません。

ヤコブの姿に、摂理の中心人物が持つべき信仰の核心が現れているのです。

十一条は信仰告白

ヤコブは、この神様との出会いを生涯忘れませんでした。それを天に約束して誓うために、ヤコブはその場所に石を立てて柱とし、油を注ぎ、その地をベテル（神様の家、父の家の意）と名づけました。そして誓いの証しとして「十一条の誓い」を立てたのです。

第一イスラエルに始まり、第二イスラエルであるクリスチャン、そして第三イスラエルである私たち統一食口《シック》にまで受け継がれてきた、「十一条の伝統」は、アブラハム（創一四・18―20）とともに、このヤコブの原体験に基づいたものです。

「十一条」というと、教会に捧げる献金の規則だと思っている人もいるかもしれません。しかし、本質はそうではなく、「神様はどんなときでも、私と共にある」という、「信仰告白」を意味しているのです。

私たちは十一条を捧げるたびに、信仰を告白しています。

「今月も、神様は私と共にいてくださいました。そして、私をよきところへ導いてくださっています」と感謝するとともに、信仰を証ししているのです。

なぜ、「十一条」が選民に伝統化されたのでしょうか？

それは、ヤコブがこれを二十一年間、守り続け、さらに生涯をかけて守り続けたからではないでしょうか？　もし、ヤコブが途中で止《や》めていたら、そこでその習慣は消え、今日まで続く伝統とはならなかったでしょう。

このように、どんな苦難に襲われても、心を変えることなく、「十一条の誓い」を忘れなかったことが、ヤコブ自身の「信仰基台」となったのです。

人生には、たとえ神様を信仰しているからといって、いいことばかり起こるわけではありません。

「人間万事塞翁が馬」という故事があります。この「人間」は「じんかん」といって世間のことです。この話は、人生、何がいいことで、何が悪いことか、最後まで分からないという意味です。こういう話です。

昔、ある老人が大切にしていた馬が北方の国に逃げていってしまいました。周りの人々が、「残念だったね」と慰めましたが、老人は、「これが不幸とは限らないよ」と言いました。

すると、しばらくしてその馬が戻ってきました。見ると、北方の良い馬を何頭も連れていました。周りの人が「良かったね」と言うと、老人は、「これが幸福とは限らないよ」と言いました。

またしばらくすると、老人の大切な息子がその馬に乗っていて、落ちて骨折してしまいました。周辺の人がかわいそうに思ってなぐさめに行くと、老人は、「これが不幸かは分からないよ」と言いました。

その直後、北方の国が侵略してきました。すべての国の若者は出兵し、多くが死んでしまいました。しかし、老人の息子は足を骨折していたので、戦いに行かずに済み、無事でした。

この故事のように、人生は長く見れば、その瞬間に不幸に見える出来事が実は幸運な出来事であったり、幸運に見えることが不幸の原因になったりするのです。私たちも日々の出来事をその瞬間だけを捉えて一喜一憂することなく、信仰を持って日々を成長につなげたいものです。

良いときも悪いときも神様はいつも私と共におられる――これが「信仰」の核心的部分です。ヤコブはこの時、「信仰」をつかんだのです。それゆえに、その後に待ち構えていた試練の年月を克服することができたのです。

こうして、二十一年路程が終わるとき、神様は再び現れてこう言いました。

「わたしはベテルの神です。かつてあなたはあそこで柱に油を注いで、わたしに誓いを立てましたが、いま立ってこの地を出て、あなたの生《うま》れた国へ帰りなさい」（同三一・13）

このように、神様もまた、誓いを立てたヤコブの姿を忘れてはいなかったことが分かります。

苦難が私を成長させる

ヤコブは、二十一年間、ハランの地で苦難の日々に耐えました。その間、ラバンおじさんから十回だまされたといいます。

その中には、報酬においてだまされた「お金（万物）の試練」があり、ラケルやレアとの結婚においてだまされた「愛（結婚）の試練」がありました。お金も愛も、つまずけば、いずれも深い恨みの原因になります。

しかし、ヤコブは、それらの試練を一つ一つ克服し、たくましく成長していきました。それができたのは、「神様が共にある」という信仰の原体験があったがゆえでしょう。

「サタン世界でどのように解放されるのですか。サタンと闘って勝たなければなりません。そうするには、どれほど苦労し、どれほど苦しまなければなりませんか。ヤコブも十回だまされ、モーセも十回だまされ、イエス・キリストもそのように欺かれました。先生も同じです。それを克服していかなければなりません。その時に、神様の心情を知るようになるのです。父母様の心情を知るようになるのです。そうでなければ、絶対に分からず、そうでなければ、サタンが離れないのです。サタンに勝利できない限り、父母の心情を知ることができず、神様の心情を知ることができません」(天一国経典『天聖経』234ページ)

このみ言《ことば》にあるように、ヤコブも十回だまされ、モーセも十回だまされ、そして、イエス様も、そして真のお父様も、十回以上だまされるような試練の中で、神様の心情を知ったというのです。

人間の成長期間は蘇生期・長成期・完成期の三段階ですが、それぞれに蘇生級・長成級・完成級の三段階があり、それらを経て十段階となります。ヤコブ路程に、原理的な成長期間が象徴されているようです。

こうして、ヤコブの信仰がヤコブを救いました。

「神様はすべてご存じである。意味のない試練はない。必ず解放の時が来る」という希望がヤコブを心霊的に生かしたのです。

こうしてヤコブは、二十一年間の苦労の生活の中で、深い信仰と、天に対する感謝、謙虚さを持ったのです。十回だまされても変わらずに歩むことで自己否定のチャンピオンになりました。自己否定とは、「私」という自己中心の思いをなくすことです。堕落した人間は、自己中心の心情の根を持ってしまったため、心が「私」の事情で満ちています。それで、「『私』という字がついたものは全部サタンである」（『御旨の道』428ページ）というのです。

では、人間が完成し、完全に自己否定できたらどうなるのでしょうか？「私」という思いが心から完全になくなったら、心が空っぽになってしまうのでしょうか？それでは生きているとはいえません。「私」以外に対する思いで満ちることになるでしょう。それは、いわば「三大祝福のこころ」で満ちるのです。

第一祝福のこころとは、神様を愛するこころを中心に、子女の愛、兄弟姉妹の愛を育んで個性完成することです。

第二祝福のこころとは、神様を中心として、夫婦の愛、父母の愛を育み、家族や人々を愛する心です。

第三祝福のこころとは、神様が愛する自然界や故郷、国を愛する心です。私のこころが、神様を愛し、人々を愛し、国を愛する愛で満ちていきます。これが、「愛天愛人愛国」の心です。そのような豊かな心を持ってこそ、豊かな人生だと言えるようになるでしょう。

こうして、ヤコブも成長するにつれ、「私」という思いが心の中になくなっていったことでしょう。代わりにその心を満たしたのは、神様に対する思いであり、家族とそして兄エサウへの思いであり、父母への思いであり、故郷への思いだったでしょう。その時、「神様のこころ」が見え、「兄エサウのこころ」が見えたのです。ヤコブが「アベルの立場」に立った瞬間でした。その時、神様は、「故郷に帰れ」と言ったのです。

兄エサウのこころを知る

故郷に帰ったヤコブは兄エサウを自然屈伏させました。腕力で屈伏させたのでしょうか？七回ひれ伏して屈伏させたというのです。

「あなたの顔を見て、神の顔を見るように思います」(創世記三三・10)と言って屈伏させたのです。実に不思議な話です。一見、屈伏したように見えますが、屈伏させたというのです。これは一体どういうことでしょうか?

ヤコブは、原理的な条件の勝利の土台の上に立っていました。

第一に、第一祝福復帰の条件です。

これは信仰の復帰です。自身の内面に信仰の原体験に基づく、環境によって変わらない「信仰基台」を造成していました。それを証しするのが、二十一年間の「十一条」の生活です。苦難の中でも感謝する心、つまり「神様のこころ」を見失わなかったのです。

第二に、第二祝福復帰の条件です。

これは神様を中心とした縦横の愛の復帰です。ハランの地での家庭復帰(第二祝福復帰)を通じて、愛せない妻レアをも愛しました。レアとラケルを一体化させる条件を立てました。また、一族をよく教育したのです。一番本音が出やすいのは家庭の中です。もし、ヤコブが自分の境遇を恨み、兄を恨んでいたなら、それを家族の前で口にしていたはずです。

そうなれば、兄エサウはヤコブの家族全体の怨讐になっていたでしょう。しかし、エサウの前で家族は口々に感謝を述べたというではありませんか。恨みを言わず、感謝を言葉にすること――言葉は人の人格にも影響を与えます。信仰教育の大切なことです。それが兄エサウを屈伏させた一つのポイントになっています。

第三に、第三祝福復帰の条件です。

これは万物の復帰です。苦労して財物を得ながらも、それを還故郷する時に、兄エサウに捧げました。普通に考えると、「もったいない！」、「恐ろしくなって出したのだ」と思うかもしれません。しかし、そうではありません。兄に上げたというだけでなく、故郷に捧げたことにもなるのです。ですから、惜しいとは思わないのです。ヤコブは兄以上の〝愛郷心〟、そして「一族の長としての責任感」を育み、確立していたことを意味しているのです。

このように、ヤコブは「成長した」のです。

こうした蕩減の基台を整えたときに、神様から還故郷の命令が下ったのです。神様はすべてをご覧になり、その時を待っておられたのです。

ヤコブは、アベルの立場を復帰した条件的基台の上で兄に会いました。ゆえに、カインの立場に立っている兄エサウのこころを理解したのです。

恨みは、誰にも理解されない孤独と絶望から生じます。

ヤコブは、神様に愛され、祝福され、摂理を担って苦労しましたが、それにとらわれませんでした。むしろ、神様に愛されず、祝福も受けられず、サタン世界にありながらも、親を助け、一族を守り、故郷に尽くしてきた兄が偉いと思ったのです。

「兄さん、苦労かけてごめんなさい。自分が族長にしてくれと言ったのに、故郷を離れ、親孝行もせず、何もできなくてすみませんでした。それをすべて背負い、一族を守ってきてくれた兄さんには感謝しかありません。兄さん、ありがとう。兄さんは神様のようだ」

「ヤコブよ、おまえは私のこころが分かるのか！」

恨みが解けた瞬間、二人は本来の兄弟関係に戻り、抱き合ったのです。

ヤコブは偽りや方便、おべっかで、「あなたの顔を見て、神様の顔を見るように思います」と言ったのでしょうか。偽りでサタンを屈伏させることはできません。〝真〟だからこそ屈伏する条件になったのです。

ヤコブは故郷にすべての財物と家族、そして自分自身を捧げました。その親孝行の思い、愛郷心に兄エサウは屈伏したのです。

神氏族メシヤは現代のヤコブ

神氏族メシヤは、現代のヤコブです。

私たちもヤコブと同じく、家庭や氏族の中にいたままでは、兄弟や親族を愛で自然屈伏させる人格の基準を持てなかったでしょう。

そのままの基準で、自分の正しさだけを主張し、「私をなぜ信じてくれないの？」と訴えても、「おまえが言うから信じられないんだ」と言われてしまった人もいたかもしれません。

それで、神様は私たちが「成長する」ために、出郷するようしたのです。

家族と故郷を離れた私たちは、真の父母様の愛の主管の中で、天の摂理に同参しながら、愛と信仰の訓練を受け、試練を乗り越え、成長してきたはずです。

これまでの人生を振り返ってみて、自分が、「成長した」と思える体験は、試練を克服したときではないでしょうか？　大変な苦労ほど、信仰的に乗り越えれば大きな成長につながります。神様と出会い、真の父母様と出会った印象的な出来事として記憶に残っているはずです。平坦《へいたん》な道だけを歩んできて、「成長した」という話は聞いたことがありません。


もし、私たちが本当に成長しているなら、成長するほど自己中心的な思いが消えていくはずです。正しく自己否定できた人間は、公的無私の心を持つようになっていきます。そうであれば、自分が一族で一番苦労し、一番犠牲になり、一番公的に生きながらも、自分の苦労を主張することはないでしょう。

公的無私になった私の心は、三大祝福のこころ、すなわち、神様を思う心、家族と人々を愛する心、故郷、国を愛する心で満ちていくはずです。

そして、祝福を受けた自分と、まだ復帰されずにサタン世界で苦労している兄弟や親族が「犠牲と護《まも》り」の関係でつながっていることを知るでしょう。

そうすれば、「私が一番正しく、一番苦労しているのに、なぜ理解しないのか」という思いで氏族に接することはなく、「サタン世界で生きる苦しみ」はいかに大きかっただろうかと、カイン圏で生きる家族や氏族の人たちに思いを寄せ、むしろいまだに復帰されていない一族に涙する心を持つでしょう。

私たちは、ほぼ無条件に天の祝福（結婚）を受け、天の血族になるというとてつもない恩恵を受けました。そして、一族の長としての「神氏族メシヤ」となる祝福までも受けたのです。その価値を知れば、ただただ感謝しかありません。

第三章　モーセの愛国心

火のように燃え上がる同胞愛

イスラエルを出エジプトさせたモーセとは、どんな人物だったのでしょうか？『原理講論』には、次のように書かれています。

「モーセは、自分の同胞が、エジプト人によって虐待されるのを目撃し、火のように燃えあがる同胞愛を抑えることができず、そのエジプト人を打ち殺してしまったのである」（『原理講論』３５７ページ）

「モーセの、このような行動を目撃していたイスラエル民族が、神と同じ心情をもって、モーセの愛国心に感動し、彼を心から尊敬し、心から信じたならば、彼らはモーセを中心として、神様の導きにより、紅海を渡ったりシナイの荒野を巡るようなことをせずに、すぐペリシテの方へ行く近道を通ってカナンの土地に入り、『実体基台』をつくるはずであった」（同、３５８ページ）

神様が中心人物として立てられたモーセは、「火のように燃えあがる同胞愛」と「愛国心」の持ち主でした。

ここにおいて、「同胞」とは、イスラエルのことであり、「国」とはイスラエルが要求する国のことです。

モーセは、なぜそれほどまでの同胞愛を持っていたのでしょうか？

この時代、イスラエル民族はエジプト王国で奴隷の身となっていましたが、モーセ自身は、その数奇な運命によって幼い頃に宮中に入って生活をするようになったため、王族のような暮らしをしており、奴隷生活をしていません。

それにもかかわらず、モーセはどうして自分がイスラエルの同胞であることを知り、「火のように燃え上がる同胞愛」を抱くほど強い愛情を持っていたのでしょうか？

それは、乳母になってでも宮中に入り込んで、我が子を守った、モーセの母ヨケベドが、そのように信仰教育をしたためと思われます。

「火のように燃え上がる同胞愛」――それはまた「神様のこころ」から来たものでもありました。それは、「イスラエルの民を救いたい」すなわち、「堕落した人類を救いたい」

という神様の熱い想《おも》いだったのです。
このように、モーセは、「神様のこころ」を知った人であったのです。

集団に及ぼす堕落性

しかし、モーセは第一次摂理に失敗してしまいました。その理由は何だったでしょうか？それは、「モーセがエジプト人を打ち殺したからだ」と言うかもしれません。しかし、『原理講論』では、そのように解説していません。
「ところが彼らは、モーセがエジプト人を打ち殺すのを見て、むしろ、彼を誤解し、そのことを口に出して非難したため、パロはこのことを聞いてモーセを亡き者にしようとしたのである」（『原理講論』３５９ページ）
モーセの行動は、彼の「火のように燃えあがる同胞愛」が表出したものであり、その愛国心を見せ、彼を信じるようにするためのものでした。

しかし、「火のように燃えあがる同胞愛」と「愛国心」がモーセの中にあることを、イスラエルの民は見抜くことができませんでした。それが失敗の原因であるというのです。

パロ王はむしろモーセを惜しんだに違いありません。優秀であり、心情もよく、実の息子よりも王子らしく、将来に期待していたはずです。その証拠に、王はモーセを殺そうとしましたが、実際には殺しませんでした。王であれば、命令一つで殺すこともできたはずです。

「口に出して非難した」のは、イスラエルの民衆でした。パロ王は、「この事を聞いてモーセを殺そうとした」（出エ二・15）のですから、彼らは「モーセはとんでもないやつだ」と、騒いだことが分かります。

それで、モーセは恐れて、宮中から逃げ出さざるをえなくなったのです。

このシーン、どこかで聞いた覚えがありませんか？　これは、イエス様が十字架に架けられたときと似た同じ状況です。

総督ピラトは、「あの人は、いったい、どんな悪事をしたのか」（マタイ二七・23）と言い、強盗であるバラバを引き合いに出して、「ふたりのうち、どちらをゆるしてほしいのか」（マタイ二七・21）と言っているのです。

なんとかイエス様を十字架に架けるのを避けようとしたにもかかわらず、ユダヤの民衆は、イエスを「十字架につけよ」（マタイ二七・23）と、最後まで強く求めたのです。

これが集団に及ぼす堕落性です。

人間が一つになれば、「1＋1＝2」以上の何倍もの力を発揮できることを知っているでしょう。しかし、堕落人間が堕落性を脱がずに集まると、集まれば集まるほど悪くなり、無知になるのです。

これが、民族における連帯罪となって、ユダヤ民族全体の上に降りかかったのです。この民族的な罪、集団的な罪を清算しない限り、真《まこと》の民族、真の国が生まれることはありません。ここに、選民が越えていかなければならない歴史的課題があります。

私たちは、必ずやこの歴史的課題に挑戦し、克服していかなければならないのです。

愛とは変わらない心

モーセの「火のように燃え上がる同胞愛」や「愛国心」、すなわち「神様のこころ」はイスラエル民族に伝わりませんでした。その「愛国心」は、その同胞たちによって誤解され、モーセは裏切られ、見捨てられました。宮中から逃れて、ミデヤン荒野で四十年も流浪することになりました。

その四十年間の苦労が少なかったわけはありません。宮中で生活をしていたモーセが、荒野でいきなり羊飼いとなって暮らしたのです。苦労すればするほど、イスラエル民族を深く恨んだとしてもおかしくはないでしょう。あるいは、過去のいっさいを忘れて新しい暮らしをしていたとしても不思議ではありません。しかし、モーセは、そういう人ではありませんでした。

神様からも民からも見捨てられたような日々が続き、四十年たったある日、神様が「燃える柴《しば》」のうちに現れました。

「モーセよ、モーセよ」

「わたしは、あなたの先祖の神、アブラハムの神、イサクの神、ヤコブの神である」

「わたしは、エジプトにいるわたしの民の悩みをつぶさに見、また追い使う者のゆえに彼らの叫ぶのを聞いた。わたしは彼らの苦しみを知っている」

「いま、イスラエルの人々の叫びがわたしに届いた」

神様は、「イスラエルの人々をエジプトから導き出させよう」（出エジプト記三・10）と言われたのです。

それに対してモーセは、やがてその手に神様の杖《つえ》を取って決意します。こうして第二次摂理が始まったのです。


驚くべきは、モーセの心が微塵《みじん》も変わっていなかったことです。

もし、モーセがイスラエル民族を恨んでいたとするなら、彼らが苦しんでいる声が聞こえても、「かってにしろ！」と思うでしょう。恨みを持っている人は自分の心の声でいっぱいになっていますから、相手の声は聞こなくなるものです。しかし、モーセには、イスラエル民族の苦しみの声が聞こえたというのです。これは、そのときだけではなく、四十年間ずっと聞こえ続けていたということではないでしょうか？

モーセは四十年の流浪の生活をしながらも、その「火のように燃えあがる同胞愛」と「愛国心」を失っていませんでした。神様も同じです。「それでも私はおまえたちを愛している」と、イスラエルを救いたいという燃える心を持っていたのです。「燃える柴」は、どんなことがあっても失われることのない「わが子に対する、火のように燃えあがる愛」を持つ神様の心中を表していたのではないでしょうか。

こうして、神様のこころとモーセの愛国心が一つになっていたがゆえに、摂理が再始動したのです。

モーセは四十年間、変わらずに「神様のこころ」を持ち続けました。だからこそ、サタンが分立されたのです。

そして、その変わらない心こそが、愛なのです。

建国時代と奴隷時代

第二次摂理が開始されました。

イスラエルはついにモーセと共に「出エジプト」します。彼らは、四百三十年にわたる奴隷生活から解放されたのです。そして、神様が約束した地、カナンへの移住を開始したのです。どれほどうれしく、希望的でしょうか？　しかし、その後の彼らの姿を見ると、事あるごとに不平不満を言い、それが摂理を延長させる要因となってしまいます。なぜでしょうか？　彼らには信仰がなかったのでしょうか？　地獄のようなエジプトでの奴隷生活からやっと解放されたというのに、何が気に入らなかったのでしょうか？

神様が示した地カナンは、天国を象徴していました。

しかし、イスラエル民族にとっては、行ったことも、見たこともない地です。彼らが真の解放と自由を肌身で実感するには、まずそこに移住し、次にその地で生活を定着させ、さらに、自分たちの信仰に基づいた国を建設しなければなりません。それには時間が必要です。

建国を始めてから、実際に国ができるまでは時間がかかるのです。そこで問題となるのが、「解放」から「建国」までの期間なのです。この期間こそ、「建国精神」をしっかり持ち、まだ見ぬ天国を信じ、ビジョンを打ち立て、信仰と忍耐で「中断なき前進」をしなければならない期間です。この期間においては、「建国精神」が信仰の生命線となるのです。

イスラエル民族は何世代にもわたる長い間、奴隷生活をしていました。

奴隷というのは、人間として扱われません。いわゆる人権がありません。主権者の所有物にすぎないのです。彼らは、奴隷の立場から解放されれば、そのような苦労がなくなり、自由になると思ったことでしょう。

しかし、実際には、出エジプトしてからも、王の軍勢に追われたり（受難や迫害）、空腹に悩まされたり（経済的困窮）、いつまで続くか分からない砂漠の行軍をしたり（際限のない疲れ）と、さまざまな苦労が続いたわけです。

それで、「おかしい、話が違うぞ」と考え始め、これが不信や不平不満のもととなったのです。まるで、天国に連れて行くと言ってだます、「天国詐欺」にでも遭ったと思ったかもしれません。

しかし、彼らは知らなければなりませんでした。同じように思える苦労でも、奴隷時代の苦労と、解放以降の苦労は意味がまったく違うということを。

彼らはその違いを理解していませんでした。

「苦労から解放されたはずなのに、いまだに苦労が続いている」と言って、そこに圧迫感や不自由さを感じ、不平不満をぶつけるようになってしまったのです。

解放以降の苦労は、「建国の苦労」です。これは、させられる苦労ではなく、自ら進んでするべき苦労なのです。

自分の家を自分で建てるとすれば、「どうしてこんな苦労をしなければいけないんだ」と、文句を言うでしょうか？　そのような人はいません。なぜなら、それは自分の家だという「主人意識」があるからです。

一人一人が、「自分たちの国を築いていく主人である」という自覚を持たなければなりませんでした。それは、「建国精神に基づいた責任感」です。「自分の国は自分でつくり、守る」という自覚が必要だったのです。

人間に「責任分担」があることを自覚しない堕落人間は、長い間サタンの僕《しもべ》という立場で生きてきたため、無責任で、依存的です。ですから、責任を持ち、自立することが、とてもきつく、重く感じられるのです。奴隷生活は、自由もなく、毎日言われた労働に従事しなければなりません。確かにそれは大変ですが、国に対する責任はありません。ある面、無責任であってもいいわけです。ですから、不満を抱いていても、大勢に影響を与える問題とはなりません。堕落人間が神様の国をつくる場合、そうした課題を克服していかなければならないのです。

「家庭盟誓《カヂョンメンセ》」は建国精神

人としての権利を持ち、建国に関わる一員ともなれば、全員が国に対する責任があるのです。

「出エジプト」したイスラエル民族にとって、カナンへの移住、そして建国までの期間は、奴隷時代の心を入れ換え、「建国精神」を確立しなければならない、精神面の転換期でもあったのです。

これは、イスラエル民族の話であると同時に、現代を生きる私たちの課題でもあります。

二〇一三年天暦一月十三日（陽暦二月二十二日）、私たちは「天一国基元節」を迎え、晴れて天一国の民になりました。その時、神様の主権が立ちました。その時から、私たちはすでにサタン世界から「解放」された立場に立っています。ですから、希望にあふれているはずです。ところが、現実はどうでしょうか？

私たちの中に不平不満、不信が生じていないでしょうか。もしそうだとすれば、天国生活の幸福と自由を、まだ肌身では実感できていないからです。実際に天国で暮らしていたら、「なんで天国で暮らさせるんだ」と文句を言う人はいないでしょう。

しかし、天一国が開門しても、実体化するまでには時間がかかります。その地に到着してから、定着し、信仰を生活化して、社会をつくり、国を建てるまでには、ある一定期間がかかるでしょう。

それまでの期間は、「建国精神」を立てて前進しなければなりません。

私たちには、「建国」に至るまでの期間、神様の国が実体化することを信じる信仰を持ち続け、忍耐しながら前進することのできる、精神的バックボーンが必要です。それが、「天一国主人、私たちの家庭は……」と毎日唱和している「家庭盟誓」なのです。

「家庭盟誓」は、私たちの「建国精神」でもあります。

しかし、私たちの中には、この「建国精神」を打ち消す、長いサタン主権時代に培った反対の心があります。

それは、サタンの僕として、長い年月を生きてきた習慣性、つまり堕落性です。それは奴隷時代の心です。責任を持つのを嫌がり、環境が難しくなれば不平不満を言い、国のことなど考えられない、自分だけよければいいという思いです。これと闘わなければなりません。

モーセの立場を考えるとき、私は真のお母様のお姿が思い浮かんできます。私たちには、真のお母様の心の中にある、神様と同じ「燃えるような同胞愛（人類愛）」と「愛国心（愛天一国心）」が、見えているだろうかと思うのです。

神様の、「火のように燃え上がる同胞愛（人類愛）」は、今日、真の父母様の心の中で燃え続けています。それを正しく見いだし、万民に伝えるのは、神氏族メシヤの使命でしょう。

第四章　アメリカの建国精神

神様はアメリカの建国精神を愛した

真《まこと》の父母様（文鮮明《ムンソンミョン》先生・韓鶴子《ハンハクチャ》先生ご夫妻）はアメリカを愛されました。それは、アメリカが建国から短期間で特別に繁栄したのは、「アメリカの建国精神」にあることをご存じだったからです。

「私には、神様がアメリカを愛していらっしゃることが分かります。しかし、アメリカの偉大さは、豊富な資源にあるのではなく、豊かな繁栄にあるのでもありません。アメリカの偉大性は、正にアメリカの建国精神にあります」（天一国経典『平和経』３９５ページ）

一九七一年十二月、真の父母様は渡米されました。消防士として、医師として、危機に陥っていたアメリカを救うためです。その時、アメリカは建国二〇〇周年を目前にしていました。しかし、一方では、キリスト教精神を失い、神様の願いと世界の幸福のために生きることが困難になりつつあり、またアメリカ自体も共産化されるかもしれないという国家的危機に陥っていました。

真の父母様は、そのようなアメリカをもう一度、覚醒させ、復興し、救おうとされたのです。それが、〝アメリカ建国精神復興運動〟です。

「アメリカよ、神に帰れ！」と訴え、全米で展開された「希望の日」講演会は、アメリカの人々の愛国心を蘇《よみがえ》らせ、建国精神の原点に立ち返らせ、大復興させました。真の父母様は各地の知事や市長から、一五〇〇以上の名誉市民賞や感謝牌《はい》を受けられました。

その運動が結実したのが、マディソン・スクエア・ガーデン大会（一九七四年九月十八日、三万人参加）、ヤンキースタジアム大会（一九七六年六月一日、五万人参加）、ワシントン大会（同年九月十八日、三十万人参加）の三大大会でした。

二〇一六年六月五日、真のお母様は、アメリカでヤンキースタジアム大会四十周年記念大会を主宰なさいました。その記念メッセージで、お母様は、「『自由に神様に侍《はべ》ることのできる信仰をしよう』と出発した清教徒の動機が正に米国を誕生させたのです」と清教徒の精神を称えられたのです。

神様は、アメリカの建国精神ゆえに、今もアメリカを愛し続けているのです。

真の父母様は、アメリカの国民以上に、建国二〇〇周年を祝賀されました。ここに、真の父母様の伝道の精神を見ることができます。

アメリカの、神様が愛する一点を、アメリカ人以上に愛したのです。これは、アメリカ人以上にアメリカを愛したことになります。

これは「地域化」の考え方に通じます。

一つの地域に当てはめて考えてみると、その地域のなかで、神様が愛するポイントを探しだし、それを取り上げ、復興運動を展開すれば、その地域全体をつかむことができるのです。

アメリカ建国の始まり

神様が愛した「アメリカの建国精神」とは、どのようなものでしょうか?

アメリカの建国の歴史を調べてみて、気がついたことがあります。日本語に翻訳されている、ピルグリム・ファーザーズに関する資料はあまり多くないのです。彼らの動機が適確に書かれていたのは、真の父母様のみ言《ことば》でした。特に、アメリカでの講演文がまさしくその内容なのです。真の父母様がどれほどアメリカを愛され、神様が愛したアメリカの建国精神を研究されたかを感じます。

それで、真の父母様のみ言を引用しながら、その歴史をたどってみたいと思います。

一六二〇年、イギリスのピューリタン（清教徒）の一派を中心とする一行、一〇四人（一〇二人という説もある）が、メイフラワー号という小さな商船に乗って、六十六日間をかけて大西洋四四〇〇キロメートルを横断し、新天地であるアメリカ大陸に渡りました。そして、現在のマサチューセッツ州東部に位置するプリマスという町に上陸したのがアメリカ建国の始まりと言われています。

そのときの彼らの立場に立って考えてみましょう。

彼らは、家を捨て、故郷を捨て、国を捨てて、家族で移住したのです。それは生半《なま》可な決意ではできないことです。なぜなら、移住先に新しい家が準備されていたわけでなく、仕事や生活の保障があるはずもないからです。

彼らは何のために何を信じて、何を保障として、そのような行動を起こしたのでしょうか？

「彼らは家族も、親戚も、環境も、国も捨て、見知らぬ土地に向かったのです。彼らのたった一つの望みは神でした。彼らが取る、どの手段も、神によっていました。旅は長く、たくさんの嵐にも出遭いました。彼らは絶え間なく神に祈ったのです。彼らは何にも屈せず、ただ神に屈服したのです。船で病気になり、死にそうになったからといって、彼らには飲む薬もなければ、診てもらう医者もいないのです。神に屈服する以外なかったのです。これらの清教徒団の男も女も、神と一つでした。それは生きる手だてだったのです」（『祝福家庭と理想天国Ⅱ』〈旧『御旨と世界』〉「アメリカに対する神様の希望」、一九七三年十月二十一日、ワシントンＤＣ、リスナー・オーディトリアム、３００―３０１ページ）

彼らは、信仰だけを根拠として、この移住、そして建国を成し遂げたのです。驚くべき信仰です。私たちは、こうした私たち以上の信仰の土台の上に今日の恩恵を受けていることを忘れてはいけないでしょう。

移住の二つの動機

彼らをそこまでの行動に走らせた、その動機は何だったのでしょうか？

大きく見て、二つの動機を見いだします。

第一に、「礼拝の自由」です。

彼らが、大西洋を横断する苦労までして移住し、アメリカを建国した動機は、「礼拝の自由」を求めたからでした。

「神に全面的に頼るという立場に自分を置いてみましょう。何と素晴らしい信仰ではありませんか。このイギリス清教徒団の信仰は、神の心情に触れただろうと私は確信します。神はその心情が動かされた時、約束事をされるのです。そしてその約束がなされると、神はそれを成就されるのです。神は彼らの願っていた最終的なもの――礼拝の自由――をこれらの信仰篤《あつ》い者たちに授けようと決意されました。そしてそれ以上に恵みを与えようとされました」（『祝福家庭と理想天国Ⅱ』３０１ページ）

礼拝とは何でしょうか？　それは、「神様を賛美すること」です。神様は私たちのすべてを与えてくださったお方です。私たちの父母であり、愛と生命と血統の源泉です。すなわち、私たちに命を与えてくださり、人生を与えてくださり、家族を与えてくださったお方なのです。そして、健康と使命と責任を与えてくださいました。これがすべて宝物だと本当に分かれば、私たちは与えられた恩恵に対する感謝と喜びで心が爆発しそうになるはずです。「神様、ありがとうございます！」と叫びたくなるはずです。その思いを、爆発させ、感謝を捧げるのが礼拝だというのです。自分たちが信じる神様を礼拝したい、これが動機だというのです。

清教徒たちは、イギリス国教会から異端として激しい弾圧を受けました。それで、信仰の自由を求めて、一六〇八年に当時、宗教に寛大であったオランダへ移住しました。そこで十二年ほど暮らしましたが、そこでも彼らは霊的に満足できませんでした。結局、自分たちの信じる神様を礼拝する場所は、ヨーロッパのどこにもないと分かった彼らは、彼らの信仰ゆえに、真の「礼拝」を求めて移住を決意したというのです。

第二に、「子供の教育」です。

信仰の喪失は、環境を世俗化させます。欲望に支配され、振り回されている人々の姿が当時のヨーロッパにはありました。このままでは、信仰の後継者である子供たちも世俗的なことに興味を持つようになり、神様をないがしろにする生活を好み、信仰を継承しなくなるかもしれないと危惧したのです。

こうした危機感は、二世教育を考える私たちにおいてもよく理解できることでしょう。

こうして彼らは、信仰第一の生活、「まず神の国と神の義とを求めなさい」（マタイ六・33）という聖句が実践できる場所を探しました。

結局、それは新大陸以外にはないという結論に達したのです。

このような彼らの動機が分かれば、新天地でまず礼拝を捧げる「教会」を最初に建て、次に子供たちのための「学校」を建て、そこに続く道を造ってから自分たちの家を建てようとしたという話の理由が理解できるでしょう。

メイフラワー盟約

メイフラワー号で、アメリカ大陸に渡ったのは一〇四人（一〇二人という説もある）と言われています。その内訳は、次のようでした。

ピューリタン……四十一名（男十七名、女十名、子供十四名）
ピューリタン以外……四十名（男十七名、女九名、子供十四名）
職人・召使い……二十三名（男七名、女十六名）

（山本周二著『ピューリタン神権政治』九州大学出版会、14ページ）

清教徒（ピューリタン）は四十一人でした。男、女、そして子供がいます。彼らは家族を中心に移住したことが分かります。これらの人々は、イギリスのスクルービーという小さな農村の出身者です。だとすれば、小さな農村のわずかな数の家庭が、信仰だけを頼りに、何もないところから国を興し、世界を変えたということになります。それは神様の役事があったことを証しする奇跡の大事業です。

そして、それ以外の宗派のクリスチャンが四十人いました。その多くは国教会の人々です。その人たちも、不思議にほぼ同数なのです。キリスト教信仰におけるアベル・カインの関係と見ることができます。

あとは職人が五人、召使いが十八人いました。信仰がある人たちと信仰を持たない人たちとのカイン・アベルの関係と見ることができるでしょう。


注目すべきは、メイフラワー号の人々の中で、清教徒は半数もいないことです。何かを決めるときに過半数も取れないということです。そして、上陸を目前にして、他の人たちが別行動をしたいと言ってきたのです。

清教徒たちは悩み、考えました。ただでさえ苛酷な環境の中で、人数が分散すれば、生き残る可能性がさらに低くなります。そこで、上陸する前に船上で結んだのが、「メイフラワー盟約」だったのです。

ですから、その内容を見ると、信仰や社会的地位を超えて、神様の国をつくるという政治的目的を中心とした結束を謳《うた》っています。いかなる立場の人でも、平和で安全な、豊かな国で暮らしたいということにおいては、一致できるというのです。こうして、どの教派よりも厳格な信仰を持っていた清教徒たちですが、新天地に定着するために、他の信仰を持つ人たちや、違う身分の人たちとも一つになったのです。

「彼らは自分たちの命を全うするより、彼らの目的のほうが重要であることを知っていました。神への信仰を除いて、何が彼らに、この勇気、献身、犠牲の精神を与えたでしょう。彼らがプリマスに着いた時、航海に耐えた四十一人の男は、集まって、（英国）政府に対する彼らの考えをまとめました。『メイフラワー盟約』は『神のみ名によって、アーメン』と結ばれ、署名されました。これは本当に素晴らしい話です」（『祝福家庭と理想天国Ⅱ』301ページ）

「メイフラワー盟約」には四十一人の男の署名が残っています。それは、清教徒の中の全男性十七人、他のクリスチャンの全男性十七人、それ以外の職人らの全男性七人の四十一人なのです。つまり、すべての立場の男性たちです。

信仰や社会的地位を超えて、神様の国のもとに一つになるという、この「メイフラワー盟約」の精神が、アメリカの建国精神の土台であり、合衆国憲法の原点になったと言われています。

原理的な観点から見ると、キリスト教を中心としたアベル・カインの一体化と、クリスチャンと無信仰の人々のアベル・カインの一体化の構図を見ることができます。カインとアベルは摂理的運命共同体であり、一体化すれば二人とも生きるし、一体化できなければ二人とも死ぬのです。だからこそ命懸けで一体化しなければならないのです。

清教徒たちは、信教の自由を求め、神様の国を実体的につくるという目的のために、お互いの信仰や立場の違いがあっても、国づくりという目的を中心として神様と契約し、お互いに約束して、同じ立場で一つになりました。それが、アメリカ建国精神の原点となりました。その姿に神様が感動し、祝福されたのだと思うのです。

清教徒たちは、六十六日間にわたる苛酷な航海の後、ついにアメリカ大陸のケープコッドの先端に到着しました。

しかし、さまざまな障害に遭って計画が遅れ、到着したときにはもう十一月、寒さの厳しい冬の季節になっていました。彼らはそこからプリマスに上陸していきます。そして一冬を過ごす間に、飢えと寒さと病のために次々と仲間が亡くなり、生き残ったのは半数の五十人になっていました。そこは冬になると零下二〇度にもなる厳寒の地なのです。

そのような所で、丸太小屋を建て、新しい生活を始めますが、温暖なイギリスの気候に慣れた彼らにとって、想像を絶する苛酷な環境であったに違いありません。たった一冬で仲間が半分死んだのです。どれほどショックでしょうか。環境的にも精神的にもぎりぎりの状況だったことがうかがえます。

しかし、それでも彼らは諦めませんでした。それほどまでの苛酷な状況ですら、建国の理想と精神を彼らから奪うことはできなかったのです。

翌年の一六二一年四月、生き残った乗組員たちはメイフラワー号でイギリスに帰っていきました。しかし、清教徒たちの決意は固く、イギリスに帰る者は一人もいなかったといいます。

その地に定着するために

ピルグリム・ファーザーズが厳しい環境の地に定着し、アメリカ合衆国を建国したのには、もう一つの「奇跡」がありました。

「もう一つの奇跡が清教徒たちにもたらされたのです。辛うじて彼らが生き残り、彼らの人数が半分になった時、インディアンの一撃は、簡単に彼らを全滅させてしまうことができたのです。しかし、ここでも神は彼らの盾となりました。…（中略）…インディアンは、移住者を歓迎しました。もしその時、清教徒たちが殺されたとすれば、神のためのアメリカは多分存在しなかったでしょう。神はここアメリカでも、神様の人々を救うため介在されたのです」（『祝福家庭と理想天国Ⅱ』３０３ページ）

清教徒たちは現地のインディアンとも一つになり、生き方を学びました。生き方を知っているのは現地の人たちだからです。清教徒たちには信仰はあっても、その地に定着する方法は知らないのです。それでインディアンから謙虚に学びました。その地に定着できなければ神様の国は実現できません。そのために、言葉や生活習慣などさまざまな壁を越えて、必死に一つになりました。

彼らは先住民から魚の釣り方や、狩りの仕方、とうもろこしの育て方を学びました。一年後には、大きな収穫を得ることができるようになり、それ以降は、寒さや飢え、病で亡くなる人もいなくなったのです。


「最初の春が訪れ、彼らは整地し、種を蒔《ま》き、耕し、実りを刈り入れました。そしてすべての収穫を神の前に捧げました。『収穫感謝祭』という美しい伝統は、こうして始まったのです。次の厳しい冬に引き続いて、彼らが最初に建てたのは教会でした。彼らが最初に造った道は、教会への道でした。夜に、明け方に、朝に、昼に、彼らは神に祈ったのです」（『祝福家庭と理想天国Ⅱ』３０４ページ）

真の父母様が賛美なさる、「感謝祭」のようすが描かれたある絵を見ると、清教徒たちとインディアンが一つになって収穫を神様に捧げているのが見られます。

このように、清教徒たちは信仰を持っており、インディアンたちは生き方を知っていました。互いが心と体のように一つになったことで、その地に「定着」する道が開かれたというのです。

ここに、もう一つのアベル・カインの一体化、信徒と地域住民の一体化の姿という、「地域化」のモデルがあります。

現代のピルグリム・ファーザーズ

「彼らはあくなき信仰を証明し、神は代わりに力と勇気を与えられました。彼らは決して神への信頼を失わず、未来の展望を失わなかったのです。アメリカに来ることの目的は、神を中心とした国をつくり、神が住むことのできる、そして本当に親交を分かち合い、神と共に親交を喜ぶことのできる天地をつくり上げることにあったのでした。これはすべて、神の摂理の中にあることでした。なぜなら神は、最終的な永遠の世界救済のため、神の闘士として仕える一国を必要とされているからです」（『祝福家庭と理想天国Ⅱ』３０２ページ）

私たち神氏族メシヤは、現代のピルグリム・ファーザーズです。信仰に基づいて、国を興そうとしているのです。そのためには、礼拝を捧げるために海を越えるほどの信仰と建国精神、「愛天一国心《てんいちこく》」が必要です。

その信仰が譲れないほど大切で、その伝統を世俗化させないとしても、自分たちが正しいと主張しているだけでは定着できず、生き残ることはできません。

安全で住みやすい、豊かで美しい国をつくり、そこに住みたいという思いは、万民の共通の思いです。家族を思い、故郷を思う気持ち――そこに共通項が生まれます。つながる部分をつくってこそ、一つになれるのです。それが「地域化」の思想です。

私たちには信仰がありますが、「この世」での生き方を十分には知りません。この世の人は真の父母様を知りませんが、この世での生き方を知っています。

この、地域を中心としたアベルとカインが一つになってこそ、その地に定着し、国をつくることができる道が開かれるでしょう。

「彼らは、このキリスト教国家が地球上のどの国より、世界のために良いことをなすだろうという未来の展望をもっていたのです。私は教会の次に、学校を建てただろうことを確信しています。彼らは子供たちに、かつての世界にあったどの学校より良い学校を望んでいました。彼らの住む家は、最後に建ててから、それを神に捧げたのです。これが、私の知るアメリカにやって来た清教徒団の歴史です」（『祝福家庭と理想天国Ⅱ』３０４ページ）

今も、アメリカのボストンには、「プリマス・ロック」という岩が記念として残されています。そこには清教徒たちが上陸した年号「１６２０」が刻まれています。

私たちは今、「２０２０」を目指して歩んでいますが、その年は、ピルグリム・ファーザーズのアメリカ上陸からちょうど四〇〇年に当たります。そこに、神様が世界を救うために、アメリカを「長子の国」として祝福した摂理が見えるのです。

第五章
蕩滅復帰時代から天一国時代へ

時代は変わった

私たちは今、「天一国時代」を生きています。

「現在は成約時代ではなく、天一国時代です」と、語られる真《まこと》のお母様のみ言《ことば》にもあるように、成約時代と天一国時代では、明らかに、「時代が変わった」のです。

成約時代と天一国時代の違いは何でしょうか？　もし、それが分からなければ、今、自分が摂理的にどこにいるのかが分からなくなっていることになります。これでは、〝摂理観的迷子〟です。親と離れて自分のいる場所が分からなくなった迷子はフラフラしますから、悪い人にさらわれたり、事故に遭ったりしやすいのです。ですから、これを明確にすることが、自分を守ることにもつながります。

二〇〇〇年の苦難の歴史を越えてメシヤを待望していたユダヤ民族は、イエス様が現実に目の前に現れたとき、正しく侍ることができませんでした。なぜでしょうか？　「時代が変わった」ということが分からなかったからです。

「新約時代」が到来しているのに、古い「旧約時代」の常識に、イエス様を当てはめて考えようとしたために、誤解し、異端視し、正しく侍《はべ》ることができなかったのです。旧約聖書を全部暗記しているような信仰深く、厳格に古い時代に従おうとする人が、かえって強い反対の立場に立つようになってしまったのです。

同じように、二〇〇〇年の殉教と迫害の歴史を越えて再臨主を待望してきたキリスト教徒の多くが、現実に登場した再臨主である真のお父様に正しく侍ることができませんでした。なぜでしょうか？「時代が変わった」ことが分からなかったからです。「成約時代」が到来しているのに、「新約時代」の常識を真理として当てはめようとしたので、真のお父様を誤解して、正しく侍ることができず、厳格で熱心なクリスチャンがかえって強行的な反対の立場を取るようになったのです。

復帰摂理の目的はメシヤを迎えることです。

メシヤは、その時代の中心として来られます。ですから時代が見えなくなると、メシヤも見えなくなってしまうのです。しかし、メシヤのいない救いはありません。ですから、「誰がメシヤなのか」を知ることは、復帰摂理のすべてを知ることに相当するのです。それが分からなくなれば、何も知らないのと同じなのです。

復帰摂理歴史を学び、そのために人生を捧げてきた私たちが、ここで同じ過ちを繰り返してはならないのです。

「統一世界」を成し遂げた真の父母様

「成約時代」から「天一国時代」へ「時代が変わった」ということを認識するためには、真の父母様の勝利圏を正しく知る必要があります。

天一国時代はいつから始まったのでしょうか？ 「天一国基元節」が「紀元」、すなわち新しい時代の始まりです。

その日（二〇一三年天暦一月十三日）、聖杖《せいじょう》を高く掲げた真のお母様の宣布によって天一国が開門され、神主権の新しい国と新しい時代が始まったことを私たちは目撃しました。

それは、真の父母様の生涯路程における勝利圏の結実によってもたらされた、復帰摂理史上、最大の恩恵です。

二〇一二年陽暦八月十三日、真のお父様は、「다《ター》 이루《イル》었다《オッタ》！（すべてを成し遂げた）」という最後の祈りを残した直後に倒れられ、二十一日後の九月三日、聖和《ソンファ》されました。イエス・キリストも、「다 이루었다！（すべてが終わった）」と、まったく同じ祈りを残して昇天されたことが韓国語の聖書に記録されています。（「예수께서 신 포도주를 받으신 후 가라사대 〝다 이루었다！〟 하시고 머리를 숙이시고 영혼이 돌아가시니라」（KOR=Korean Bible ヨハネ一九・30）

真のお父様はイエス様と同じ祈りを残して聖和されました。

では、何を成し遂げられたのでしょうか？

真のお父様は、「『統一世界』を成し遂げる！」と言われ、私たちを呼び集められました。私たちは、それを信じて、すべてを捧げて真の父母様にひたむきについてきました。

そして、壮絶な苦労の生涯の末に、真のお父様は聖和されました。この時から、食口《シック》の中に信仰的な迷いが生じるようになりました。

「真のお父様は、『統一世界をつくる』と言われたのに、実体的にできていないまま、霊界に行かれてしまった。これはどういうことなのか？」という迷いです。摂理は失敗したのではないか、あるいは自分の苦労が無駄になったのではないかという疑惑が心の中に生まれたのです。

確かに、現実世界を見てみれば、今も分裂と闘争が絶えません。一見、何も変わっていないかのように見えます。それで、「どこに統一世界ができたのか、真の父母様は統一世界をつくれなかったのか」と疑念を持つようになって、迷う人が出てきたのです。


しかし、原理的な観点から見れば、その疑問は即、解消されるでしょう。

「統一世界」の反対は何でしょうか？　分裂と闘争の世界です。それが不幸と苦しみの原因です。しかし、人類はそれを繰り返し、そこから逃れることができませんでした。

その根本原因は何でしょうか？　それは人間の堕落です。堕落によってサタンの血統を継承してきたことが、分裂と闘争が家庭から世界まで繰り返されている根本原因だということを知りました。それは、人間の堕落、すなわち、神様の血統を失った、「血統の分裂」です。これが分かれば、「統一世界」はどこから始まるかが分かります。

それは、「血統の統一」から始まるのです。それを成すことができる奇跡的天恵が、「祝福結婚」なのです。

霊界、地上界のすべての人間が祝福家庭となれば、神様の血統に統一されます。それが、「統一世界」の根となり、実体的な天一国の基盤となるのです。

しかし、サタンの讒訴《ざんそ》圏があるために、（蕩減《とうげん》）条件なくして、祝福の恩恵を与えることができません。それゆえ、真の父母様は、罪なき立場でありながら、「完全蕩減」の道を行かれました。超人的な内外の犠牲を連続して払いながら、縦横八段階、六十四段階あるといわれた、天宙的、世界的蕩減条件を一つ一つ立ててこられました。

そしてついに、霊界、地上界のすべての人類が、「祝福結婚」の恩恵を受けられるようにされたのです。真のお父様は最後の祈りで、「誰であっても父母様のあとに従いさえすれば……地獄に行く者を天国に入籍させることができる」と祈っておられ、今や地上はもちろん、霊界の地獄圏に至るまで、祝福を受けられない人が誰もいないという時代圏を迎えました。

真のお父様は、真のお母様と共に一つになって、長かった神様の縦的な蕩減復帰摂理歴史を完成完結完了され、そのことを「다《ター》 이《イ》루《ル》었《オッ》다《タ》！（すべて成し遂げた）」と宣布されて、地上の使命を完了され、聖和されたのです。

ですから、間違いなく、真の父母様は、「統一世界」を成し遂げた方なのです。

成約時代から天一国時代へ

堕落した父母から出発した人類歴史は、同じ過ちを繰り返してきました。神様（天の父母様）は大変悲しまれましたが、失意のどん底から人類に再び創造目的を完成させる、復帰の決意をされました。

そして始まったのが、復帰の摂理、すなわち人類救援計画です。

そのカギは、アダムとエバをもう一度地上に送るメシヤ、すなわち真の父母でした。したがって、人類を救うための救援摂理歴史の目的は、メシヤ＝真の父母を送ることです。そして、「真の父母」から真の父母の愛が生まれ、その愛によって重生、すなわち生まれ変わることにより、サタンの血統から神様の血統へと、「血統転換」されるのです。これが、「救い」なのです。

それが成就する奇跡の御業《みわざ》こそが、「祝福結婚」です。

二〇〇〇年前に来られたイエス様は、まさにメシヤ＝真の父母になるために地上に来られましたが、人類は信じず、偽メシヤだと騒いで十字架の刑で殺害してしまいました。イエス様は人類に「祝福」の恩恵を授けるために来られた方でしたが、信じ愛した者たちに不信され、裏切られ、三十三年の短い地上の生涯を終えました。

しかし、十字架上で残した一つの言葉が、その後の世界を変えました。

「父よ、彼らをおゆるしください。彼らは何をしているのか、わからずにいるのです」（ルカ二三・34）という言葉です。

これは、言い換えれば、「私はそれでもお前たちを愛している」というメッセージです。かたくなで、簡単には届かないカインのこころに、神様のこころを身をもって伝えられた、「人類の真の父」としての愛の姿だったのです。

それゆえに、聖霊を迎え、霊的な人類の真の父母の愛が現れたがゆえに、その愛によって霊的に重生された人々がクリスチャンとなり、殉教の歴史を越えてでも再臨主を待望するようになったのです。

こうした神様、イエス様の思いを受け継いでこの地に立った方が、真の父母様（文鮮明《ムンソンミョン》先生・韓鶴子《ハンハクチャ》先生ご夫妻）なのです。

しかし、（蕩滅）条件のない復帰はないという復帰の原則があるため、条件なくして、祝福を授けることができません。

そのために、真の父母様は、僕《しもべ》の僕から、僕、養子、庶子、実子、母、父、神まで、個人、家庭、氏族、民族、国家、世界、天宙、神までの、縦横の八段階を一段階ずつ勝利して上がってこられ、「八定式」を宣布されました。そしてついにすべての蕩滅条件を完成、完全蕩滅を成し遂げられたのです。それが、「다《ター》 이《イ》루《ル》었《オッ》다《タ》！（すべて成し遂げられた）」という最後の祈りに現れているのです。

今や、霊界、地上界のすべての人類が祝福結婚を受けることができる救いの日が到来したのです。ですから、今日、真のお母様は、常に「世界人類七十五億が真の父母様を知らないことがないようにしなさい」と語られます。もはや、真の父母様の意識の中では、教会にいる私たち信徒だけでなく、人類七十五億を等しく「食口」として見つめ、愛を投入していらっしゃるように思います。

もはや、「この世」をただ「サタン世界だ」と分別して、避けているだけではいられなくなりました。

ある先輩牧会者が、「この世が私たちを嫌っているのだろうか、それとも私たちがこの世の人たちを嫌っているのだろうか」と説教されたことが、とても印象に残っています。お母様は、「天に対する孝情、世の光へ」というスローガンを下さいました。お母様はいつも私たちが〝摂理観的迷子〟にならないように、私たちの行く道を示してくださっているのです。

私たち食口は、天を喜ばせようとする親孝行の心情である「孝情」を中心に、一つの「氏族」にならなければなりません。そして「この世」、すなわち地域の人々や氏族の人々をしっかりと見詰めて、愛の光で照らしていくべき時が来ているのです。

真の父母様は万苦を勝利され、神様の縦的な蕩滅復帰摂理歴史を終結されました。もはや祝福圏外にいる人は一人もいません。霊界、地上界の万民を「最後の一人まで」横的に連結するのは、私たち「神氏族メシヤ」の使命なのです。

基元節以降の今の時代は、天一国時代です。

第六章

日本統一運動と基盤造成

ヤコブ家庭にメシヤが降臨しなかった理由

ヤコブ路程は、氏族メシヤ活動の原型（モデル）であると言われています。ヤコブは「信仰基台」と「実体基台」に勝利した、初めての中心人物です。復帰原理によれば、その勝利によって、「メシヤのための基台」が造成され、メシヤが降臨するはずです。しかし結果的に、ヤコブ家庭にメシヤは降臨されませんでした。なぜでしょうか？

このことに対して、『原理講論』は次のように解説しています。

「我々はここで、『メシヤのための基台』というものの性格を中心として見たとき、メシヤを迎えるためのこの基台の社会的背景はどのようなものでなければならないかということを、知らなければならない。堕落人間が『メシヤのための基台』を立てるのは、既にサタンを中心としてつくられた世界を、メシヤのための王国に復帰できる基台をつくるためである。……（中略）……アブラハムの時代には、既に、堕落人間たちがサタンを中心とする民族を形成してアブラハムの家庭と対決していたので、そのとき『メシヤのための家庭的な基台』がつくられたとしても、その基台の上にすぐにメシヤが降臨なさるわけにはいかない。すなわち、この基台が、サタン世界と対決できる民族的な版図の上に立てられたのち、初めてメシヤを迎えることができるのである。したがって、アブラハムが『象徴献祭』に失敗せず、『実体献祭』に成功して、『メシヤのための家庭的な基台』がつくられたとしても、その基台を中心としてその子孫がカナンの地で繁殖して、『メシヤのための民族的な基台』を造成するところまで行かないと、メシヤを迎えることはできなかったのである」（『原理講論』３３４ページ）

ここで注目したいのが、「メシヤを迎えるためのこの基台の社会的背景はどのようなものでなければならないか」という部分です。ここに出てくる「社会的背景」というのは、言い換えると「社会的基盤」です。また、「サタン世界と対決できる民族的な版図の上に立てられたのち、初めてメシヤを迎えることができる」の、「民族的な版図」とは、「民族的基盤」と言えます。

このことから二つのことが分かります。

第一に、メシヤを迎えるためには、「基盤」が必要であるということです。

第二に、サタン側の「基盤」と対決できる同レベルの、神側の「基盤」がなければ摂理を遂行できないということです。

ヤコブ家庭にメシヤが降臨できなかった理由は、「民族的な基盤」がなかったからでした。ヤコブは「家庭的な基盤」を造成したのですが、そのときにサタン側はすでにエジプトを中心として、「民族的・国家的な基盤」を造成していたのです。その状況で、ヤコブ家庭が造成した神側（アベル圏）の「家庭的な基盤」にメシヤを迎えても、サタン側（カイン圏）の「民族的・国家的な基盤」を主管して屈伏させ、復帰することはできないというのです。

このことを通して、世界復帰摂理においては、メシヤはアベル圏の「国家的な基盤」の上に降臨されなければならないということが分かります。そのうえで、勝利し、愛によって自然屈伏させてこそ、カイン圏の国家を復帰することができるのです。

それゆえに神様は、ヤコブをイスラエルとして祝福し、その後孫が「海の砂、空の星のように増え広がる」という約束のごとく、イスラエル民族が「民族的な基盤」をつくり、イスラエル王国を建設して「国家的な基盤」を造成して、サタン側の基盤と対決できる基盤を造成してからメシヤを迎えるという摂理へと導かれたのです。

日本統一運動と基盤造成

そのような復帰摂理歴史の教訓を踏まえたうえで、日本における天の摂理を考えてみたいと思います。

日本における摂理は、歴史編纂《へんさん》委員会編『日本統一運動史』1・2にまとめられています。日本における神様の摂理は、信仰の復興活動だけではありません。日本の救国救世基盤造成のための「国家的な基盤造成」があるのです。それをいかにして成そうとしてきたかという足跡が、『日本統一運動史2』に、以下のようにまとめられています。

「家庭教会定着のための摂理路程の歴史は、第一次として、一九七〇年から七二年までの『全食口《シック》三年間開拓伝道路程』（日本では、七一年から七四年の『五万五十万大伝道路程』）があり、第二次として七八年九月からの『ホーム・チャーチ活動』、第三次として、九一年七月一日の『七・一節』を中心に打ち出された『還故郷・氏族的メシヤ活動』がありました。そして二〇〇一年の『七・一節』の名節で、そのやり直しとして願われた『再還故郷と御言《みことば》訓読家庭教会』であり、この御言訓読家庭教会こそが、最後のチャンスともいうべきものです」（『日本統一運動史2』186ページ）

整理すると、次のようになります。
第一次「五万五十万伝道」（一九七二～七四年）
第二次「ホーム・チャーチ活動」（一九七八～）
第三次「還故郷・氏族メシヤ活動」（一九九一～）
第四次「御言訓読家庭教会」（二〇〇一～）

これを見ると、日本の統一運動は、「五万五十万伝道」や、「ホーム・チャーチ活動」、「還故郷・氏族メシヤ活動」、「御言訓読家庭教会」と名称は違っていても、ある一貫した目的に向かっていたことが分かります。それが何かというと、「救国救世基盤」の造成なのです。

「五万五十万伝道」は、日本に五万人の活動会員と五十万人の賛同会員の基盤をつくり、「救国救世基盤造成」を目指していました。

そして、「ホーム・チャーチ活動」は、自分の住んでいる周辺の地域で三六〇軒を定めて、何度も回りながら開拓伝道に取り組んだのですから、これも救国救世のための「地域基盤」の造成を目指していたと言えます。

さらに、「還故郷・氏族メシヤ活動」とは、自分の故郷を中心に氏族四三〇家庭の「氏族基盤」の造成を目指した活動です。故郷を中心として四三〇家庭の氏族が復帰されれば、それはもはや一つの町であり、「地域基盤」と同じになるでしょう。

そして二〇〇一年からの「訓読家庭教会」の摂理は、氏族メシヤに再挑戦する路程でした。これも目的は同じです。

このように、日本における摂理的活動は、戦術を変えながらも、「救国救世基盤造成」という同じ目的を目指していたことが分かります。

先に述べた、「ヤコブ家庭にメシヤが降臨しなかった理由」の教訓にあったように、メシヤを迎えるためには、サタン世界の基盤と対峙《たいじ》できる、同じレベルの「基盤」が必要です。よって、世界復帰摂理の目的を成就するためには、サタン世界（カイン圏）の「国家的な基盤」と対峙することのできる、神側（アベル圏）の「国家的な基盤」が必要でした。それが救国救世基盤です。

日本をはじめ、摂理国家はそうした実体的な基盤を蕩滅《とうげん》復帰した勝利のうえで、「天一国基元節」を迎えるのが、天の摂理的なシナリオでした。

それゆえに、私たちは、「入籍祝福式」とともに、「恩赦聖酒式」を受けなければ、「天一国基元節」に同参することができない立場でした。

真のお母様が立たれ、その赦《ゆる》しがなければ、そこから一歩も前に進めない状況であったのです。

しかし、天は再び私たちを赦してくださり、二〇一三年、基元節とともに、本格的に「神氏族メシヤ」として歩む、「ビジョン二〇二〇」という新たな七年間の摂理路程を与えてくださったのです。

これは、新しい命と時間を与えられたということでしょう。

そしてそれは、「日本統一運動」においては、第五次摂理とも言えるものであり、もう一度与えられた「国家的基盤」造成のための最後のチャンスだと考えられるのです。

真のお父様の聖和と、真のお母様による恩赦を条件として、先ほどの第四次までの路程に、もう一つの路程が加わることになりました。

第五次　「神氏族メシヤ」摂理（二〇一三〜二〇二〇年）

これこそが、もう一度与えられた、最後のチャンスとも言うべきものです。

真のお父様の聖和以降、真のお母様は、「真のお父様は本来、国家の基盤の上に来られなければならないお方だったのです」と、涙を流しながら幾度も語られました。

私たちが一貫してつくらなければならなかったのが、「国家的な基盤」であり、足りなかったのはその「基盤」でした。そこに真の父母様の恨《ハン》があることを知らなければなりません。「基盤」なき哀しみ——。真のお母様のその「悔しさ」や「無念さ」という心情を共有してこそ、「神氏族メシヤ」として再出発ができるのではないでしょうか。

「氏族基盤」の前に「地域基盤」ができていたら

日本の統一運動史を通じて、もう一つ気づく点があります。それは、「氏族基盤造成」の前に、「地域基盤造成」の摂理があったということです。

第二次の「ホーム・チャーチ伝道」は、自分の家の周りに三六〇軒を決めて、何度も回って伝道するというものですが、それはいわば「地域基盤」造成摂理です。そして、第三次の「還故郷・氏族メシヤ活動」や、第四次の「御言訓読家庭教会」は、「氏族基盤」造成摂理です。

つまり、「氏族基盤」を造成する摂理の前に、「地域基盤」を造成する摂理があったということになります。

「カイン・アベルということを考えてみると、自分の故郷に帰るには、カイン圏の五パーセントの基台である三六〇軒を消化してから帰れ、ということになるわけです。…（中略）…三六〇軒は、先生の世界的勝利を受け継ぐ、あなたがたの責任分担の五パーセントであるということです。これは、絶対通過しなければなりません」（一九七八年九月二十三日、松濤本部、「我々の今後の活動」より）

このみ言《ことば》を見ても、三六〇軒の地域基盤をつくってから故郷に帰って氏族基盤をつくる――という天の基本戦略が見て取れます。

「地域基盤」と「氏族基盤」は、同じ「救国救世基盤造成」を目指しているのです。

実は、もしそれができていたら、氏族伝道の風景は一変します。氏族伝道を推進するのに、ネックとなる課題の一つが、距離の問題です。故郷と距離が離れていると、ケアが簡単ではありません。何度も行き来すれば、それだけで、お金も時間もかかってしまうからです。

しかし、もし、「ホーム・チャーチ活動」などを通じて全国に「地域基盤」ができていたなら、どうなるでしょうか？　距離の課題を解消できるのです。

実家に近い地域に、伝道のための「地域拠点」ができていたら、どうでしょうか？　そこに父母や兄弟、氏族をつなぐことができます。

そして、その地域の食口が、遠隔地に住んでいる食口の氏族と信頼関係を結び、ケアしてあげ、教育してあげ、伝道してあげるのです。

皆さんが住んでいる地域にも、食口の親兄弟や氏族がたくさんいるはずです。日本全体の伝道を考えれば、それは有力な伝道対象でしょう。

互いの氏族を互いに伝道するという形が見えてきます。

そうなれば、遠隔地の食口の氏族伝道が進むとともに、その地域教会の食口が増えることになります。各自の氏族伝道と教会の発展が、車の両輪のように同時並行で成されていくことになります。互いに協力しつつ、氏族の伝道や教育を進めることができるはずです。このように、「地域基盤」が成されたうえで「氏族メシヤ」の活動ができていたなら、氏族復帰の進めやすさがまったく違っただろうと思われます。

第五次摂理である神氏族メシヤ摂理においては、今までの路程の集大成として、不足の部分を挽回すべく、自分の住んでいる地域を中心とした「地域基盤」を造成しながら、氏族伝道による「氏族基盤」の造成を同時並行で進めるのです。

「基盤」の相対基準

氏族メシヤ活動が重要であることは、食口はみな知っていることです。今までも多くの食口が還故郷し、必死なる故郷伝道が展開されてきました。それにもかかわらず、氏族メシヤを勝利したという話をあまり聞くことがありませんでした。たくさんの挑戦がありましたが、多くは成功できず、そのことが原因で自信を失った食口も多かったのではないでしょうか。

なぜ、これまでの氏族メシヤ活動はうまくいかなかったのでしょうか？　その原因を明らかにし、整理して、正しく反省しなければ、再び決意して活動したとしても、同じ失敗を繰り返す可能性があるでしょう。

この問題を整理していきたいと思います。

まず、「ヤコブ家庭にはなぜメシヤが降臨しなかったのか」の教訓から見た課題があります。

前述したように、ヤコブは信仰基台と実体基台を造成し、メシヤの基台を造成したはずなのに、ヤコブ家庭にメシヤは降臨しませんでした。それは、ヤコブが家庭的基盤の造成に勝利したとき、サタンはすでに民族的、国家的基盤を造成していたからでした。

つまり、基盤の相対基準が合わないため、家庭的基盤しかないアベル圏が、民族的、国家的基盤を持つカイン圏を主管し、収拾することはできないのです。アベル圏に民族的、国家的基盤が造成されなければ、メシヤを迎えることができないのです。

このことを、氏族メシヤ活動に当てはめて考えてみましょう。

氏族メシヤ活動において、伝道すべき一番の対象は「氏族」です。その「氏族」は、真の父母様を知らないサタン圏で生活しているわけですが、だからといってみなが自己中心で、自分勝手にバラバラに生きているのでしょうか?

そうでもありません。特に日本では、長男の血統を重んじながら、「本家」を立て、族長のような立場の人を中心に「氏族」のかたちを形成していることが多いのです。盆暮れ、正月や法事のたびに集まって近況を語り合う中で、祝い事があれば共に喜び、病気の人や経済的に困っている親族がいれば助け合いながら、「氏族」の結束を保って、一族を存続させてきました。つまり、カイン圏の氏族にも、家庭ごとのレベルを超えた氏族的な基盤があるということです。

これに対して多くの祝福家庭は、天の祝福を受けている立場ではありますが、家庭ごと、というレベルにとどまっています。その祝福家庭においても、夫婦の信仰や実践の足並みがそろわなかったり、子女教育に課題を抱えていたりと、不足な立場にある場合があり、完全な家庭的基盤を造成しているとは言えないこともままあります。

そのような弱い家庭的な基盤でカイン圏の氏族的な基盤に立ち向かっても、「力負け」してしまうのは明らかで、氏族復帰を進めるのは簡単ではありません。

アベル圏が、カイン圏を愛によって自然屈伏させて主管性を復帰し、長子権復帰、父母権復帰の勝利基準を立てていくのが復帰の公式ですが、そのためには、基盤の相対基準が合っていなければなりません。

もちろん合わない場合でも、それを超越できる条件や力を備えた特別な人は、今までも奇跡的に勝利してきました。ところが、そういう人はまれであり、スタンダードな勝利例とはなりません。

そのため、多くの食口が、カイン圏を主管できる力を持てず、「力負け」し、それをただ自分の信仰や実力の不足とだけ考えて、自分を責めていたのかもしれません。

スペインの作家、セルバンテスの小説に『ドン・キホーテ』という有名な作品があります。この物語の主人公、ドン・キホーテは、騎士道物語が大好きで、その読み過ぎで現実と物語の区別がつかなくなり、ついに自身を最強の騎士と思い込んでしまいました。そして、風車を巨人だと思い込んで全速力で突撃しますが、まったく歯が立たず、跳ね返されて気絶してしまうという話が出てきます。

私たちもある面、そのような姿であったかもしれません。信仰と決意一つで、単身、氏族に突撃して、まったく歯が立たず、それを繰り返しているうちに挫折してしまい、最後には立ち上がることができなくなったという姿であったかもしれません。

決意や実力だけが課題ではないのです。どんなに強く決意したとしても、基盤がなければ「力負け」するのです。

イエス様ですら、準備されたザカリヤ氏族、ヨセフ氏族の「氏族基盤」が立たなかったゆえに、単身でイスラエルの民族圏を復帰するのは簡単ではありませんでした。むしろ、氏族が生涯の足かせになったのです。それゆえに、弟子たちを自身の子女のように愛してアベル圏の「氏族基盤」を造成してから、もう一度カイン圏を復帰する摂理を取り戻そうと努力されたのです。

私たちも同じです。カイン的な氏族圏に向かうには、まず私たちがアベル的な氏族圏を形成して、同じレベルの基盤に立ち、基盤の持つ力を発揮する必要があります。

第七章　天一国時代の教会づくり

祝福家庭は氏族

天一国経典『天聖経』には次のようなみ言《ことば》があります。

「統一教会の教団は氏族です。『私』の血が共に動くのです。私が涙すれば、氏族が涙しなければならず、私が喜べば、氏族が喜ばなければなりません」（天一国経典『天聖経』968ページ）

ここで、真《まこと》のお父様が語られた「氏族」とは一体誰のことを指しているのでしょうか？教団が氏族――それは教会の食口《シック》のことです。教会の食口こそが、天が準備したアベル圏の氏族なのです。

ところが、教会の集会などでこのことを話してみると、みな一様に驚きます。

「そういう意識を持って食口たちを見ていなかった」という人が実に多いのです。

私たちは祝福結婚の恩恵を受け、天の父母様（神様）、真の父母様を中心とした夫婦になることができましたが、祝福の意味はそれだけではありません。その瞬間、天の父母様、真の父母様と親子の因縁を結ぶという恩恵を受けたのです。私たちは天の血統に属する者となったのです。

そして、血統というのは「縦的」に連結されるものですが、「横的」にもつながりが広がることを知らなければなりません。

例えば、一組のカップルが結婚すれば、その瞬間、双方の氏族圏はみな、親戚になります。同じように、祝福家庭は、真の父母様と血統がつながった瞬間、同じ祝福を受けた食口同士ともみな姻戚関係になるのです。これが天の血族です。私たち食口は、神様の血統でつながった、「祝福された氏族」なのです。


今まで、自分の家庭がアベルで、親族はカインというように、氏族的なカイン・アベル関係を、自分の氏族の中だけで捉えていたかもしれません。

しかし、地域や国という全体の中で見ると、教会の食口同士が「アベル氏族」であって、教会の外の氏族や地域の人たちが「カイン氏族」という見方もできるのです。

天国は、個人から家庭、氏族、国家、世界へと神様の息子・娘の基盤が拡大して成されていきます。

まず食口同士、祝福家庭同士が、創造本然に近い人間関係を教会でつくり、さらに地域社会づくりを進める必要があります。この世の氏族以上の関係を築くのです。

アベル的な氏族的基盤をよく造成しなければなりません。

そのような姿を見せてこそ、カイン圏の氏族が自然屈伏するようになるでしょう。そのうえで、自分の氏族だけでなく、地域、さらには国へと復帰の道がつながっていくのが天のみ意《こころ》だと思います。ですから、「教会づくりが国づくり」なのです。それが「地域化」の思想であり、摂理観なのです。


真の父母様から始まった真の愛は、まず教会の食口、兄弟姉妹の中に育まれていき、それが祝福を受けたカップルとともに各家庭へと連結されていくのです。

それゆえに教会づくりが大切になってきます。

私たちは各自の家庭を大切にしながらも、教会を基点に神様と真の父母様を中心とした人類一家族世界を築くという全体目的を忘れてはいけません。それが、「大家族主義」です。

「先生は、天宙大家族主義者です。自由と平和と統一と幸福を植えてあげなければなりません。それは、先生の歴史を表すのです。先生が追求してきた歴史の表題です」（天一国経典『天聖経』1348ページ）

真の父母様と共にある私たちは「大家族主義者」です。

それで日々、「天一国主人、私たちの家庭は、真の愛を中心として、天の父母様の創造理想である天宙大家族を形成し、自由と平和と統一と幸福の世界を完成することをお誓い致します」（「家庭盟誓《カヂョンメンセ》」四番）と唱和しているのです。

世の中には「家族主義者」という人たちがいます。それは、自分の家族を第一とするという考え方です。今風の言い方をすれば、「私の家庭ファースト」です。

家族を大切にするのは大事なことですが、それが自己中心的になると、他の家庭と相容《い》れない関係になってしまいます。そうなると、自分の家族が一番でなければ気が済まないとか、他の家の子供が自分の子供より優秀だと頭にくるというふうになってしまうのです。

学校などに無理な要求をする親を「モンスター・ペアレンツ」などと呼びますが、それも一種の「家族主義者」の姿なのかもしれません。

私たちは、「家族主義者」ではなく、「大家族主義者」です。大家族主義は、他の人の子供も自分の子供と考え、他の人の親も自分の親と考えます。この主義のもとで、まず食口同士が、さらに周りの家庭との間で互いの成長を喜び合うような関係ができあがったとき、私たちは心からの幸福を感じるのです。

「しあわせ感」がない？

私たちは、「統一原理」という最高の真理と出合いました。そして、「真の父母様」という最高の「信仰と真の愛の中心」を戴《いただ》いています。世の中に数多くの宗教がありますが、再臨主に直接侍《はべ》っている宗教はほかにありません。

ですから、私たちは信仰者として最高に恵まれた立場にいるのです。そうだとすれば、私たちは最高に心が満たされているはずです。

ところが、毎年教会で行っている幸福度調査によると、すべての食口が「私の幸福度は百点満点です」と言えるようにはなっていません。何か不足な思いや寂しさを感じている食口が少なからずいるのです。つまり、「しあわせ感」が足りないということです。人は最高に満たされているとき、「ここは天国だ」と言います。天国で暮らして文句を言う人はいないでしょう。ところが私たちは、この世界で一番天国に近い者たちだと頭では分かっていても、それを肌身で感じることができないでいるのです。真理と真の愛を知っていながら、なぜ「しあわせ感」が足りないのでしょうか？

この信仰課題について考えてみましょう。

第一に、成長と完成の原理の観点からです。

私たちは、人間をはじめすべての被造物は、「成長過程を経て完成する」ということを「原理」で学びました。当たり前と思うかもしれませんが、これは重要なポイントです。つまり、「成長を経ずして完成はない」ということです。原理軌道に従った「成長」の延長線上に「完成」があるのです。「完成」は結果であり、「成長」はプロセスです。ところで、神様は人間の「完成」だけを見て喜ぼうとされたのではありません。それは父母の立場に立ってみればよく分かることです。

父母は、子供が立派に成長して完成した最後の姿だけを見て喜ぶのではありません。歩けなかった乳児が歩けるようになり、字も書けなかった幼児が小学生になって読み書きができるようになり、学生が社会人になって自立していくというように、できなかったことが一つ一つできるようになっていく成長過程、すなわち「日々成長していく姿」を見て、喜ぶのではないでしょうか？　それが親の「しあわせ感」となるのです。

同様に、子供自身も自らの成長を通して喜びを感じ、幸福になるのは言うまでもありません。

このように、「しあわせ感」とは〝成長感〟と密接な関係があり、「しあわせ感」は日々の生活において成長を「味わう」ことで生まれてくるのです。

ところが、私たちは「原理」を知っているがゆえに、明確に解き明かされた人間の「完成」のみに信仰生活の焦点を合わせてしまう傾向があります。そうなると「成長」に着目できなくなり、小さな成長を喜び合う心を持ちにくくなってしまうのです。そこに、私たちが「しあわせ感」を味わうことができない原因があるのではないでしょうか。

成長には期間があります。「一日にして成らず」です。昨日よりもきょう、きょうよりも明日がより少しでも成長するなら、それを認め、褒め、感謝して互いに喜ぶところに「しあわせ感」が生まれてくるのです。

第二に、縦的と横的の関係の観点からです。

今まで、私たちは、縦的が善で、横的が悪と考えてきたところがないでしょうか？　人から、「あなたは横的な人ね」と言われて、褒められたと思う人はいないでしょう。

しかし、それは原理的な考えとは言えないのです。

「キリスト教は、愛と犠牲により、イエスを中心として、人間同士がお互いに横的な授受の回路を回復させることによって、神との縦的な授受の回路を復帰させようとする愛の宗教である。それゆえに、イエスの教訓と行跡とは、みなこの目的のためのものであったのである」（『原理講論』53ページ）

ここに、原理的な縦横の関係が現れています。

「縦的」とは、神様と人間との関係を表し、「横的」とは、人間と人間の関係を表しています。人間は、堕落により、神様との縦的な関係（授受の回路）が切れたために、神様のこころが分からなくなり、横的な関係（授受の回路）も切れてしまったために、他人の心も分からなくなり、心が通じ合えず、幸福感を失いました。

まず、神様との関係が回復しなければ、人間同士も一つになることはできないので、宗教の歴史は、まず横的な関係を断ち切り、縦的な関係だけを取り戻す、修道生活をしなければなりませんでした。

よって私たちも、縦的関係を立てるために横的関係を断ち切る必要があると教えられてきたのです。それで、縦的＝善、横的＝悪という観念を持ってしまったのでしょう。

しかし、創造本然の世界では、縦横は同時に成長していくのです。縦横がバランスを取って成長するのです。

メシヤは堕落人間から見れば、雲の上の存在ですが、真の父母様と私たちの関係は、上下関係だけではありませんでした。真の父母様はいつも私たちの輪の中に入ってこられて、横的関係の中心となって私たちを一つに結んでくださったのではないでしょうか？


健康とはバランスです。

神様の復帰摂理としては蕩滅時代が終わった今日、私たちは、縦横のバランスを取り戻し、幸福な家庭、健康な教会をつくっていかなければならない時を迎えているのです。

愛を見せる時代

「完成」だけに焦点を合わせた信仰生活をすると、理想と現実のギャップに葛藤するようになります。愛の人格者になっていない自分、理想の夫婦関係や親子関係をつくれていない自分を裁くようになります。これでは、なかなか幸福を感じることはできません。また、その視点で教会の兄弟姉妹を見るようになれば、兄弟姉妹をも裁くようになります。不足な部分に嫌悪を感じ、許すことができないのです。それに対して「原理」の言葉を使って指導すれば、それが鋭い切れ味を持った刃となって兄弟姉妹を傷つけることになります。

教会の中がそういう人間関係になってしまえば、食口たちは自分の弱点を見せられなくなり、ばれないように隠し、緊張しながら過ごすようになります。そこに愛を感じるでしょうか？　そうなると、「教会には愛がない！」と言う人が出てくるのです。

私たちはみ言を知っているがゆえに、今まで、「愛を説明すること」に力点を置いてきました。時間をかけて、原理的に愛を正しく説明することに力を注いできたのです。

しかし、「それでは、その愛があなたにありますか？」と問われると自信がないので、「この方（真の父母様）にあります」と言って、自らの責任を回避してきたのです。

天一国時代は、神様の真の愛を相続する時代です。つまり、「愛を見せる」時代です。神様の愛を人間の愛で見せてあげなければならない時代なのです。それが「神人愛一体理想」です。愛は一人ではつくり出せません。「四大心情圏」のみ言にあるように、すべて愛は関係性から生まれてくるのです。ですから、私たちはこれから、より一層、兄弟姉妹として、氏族としての関係づくりに力を入れて、大家族的四大心情圏の関係づくりをしていく必要があります。それができれば、教会や地域集会は、よく耕された「愛の畑」になります。

真のお母様のみ言に、「種と畑」の話があります。

「私たちは復帰摂理歴史において春を迎えました。春を準備するにおいて、一番忙しい人は誰ですか？　農夫なのです。皆さんはいかがですか？　農夫の心を持って、天が私たちに賦与してくださった責任を完遂することができる、希望の日を準備されましたか？

よく冬の寒さを『冬将軍』と呼びます。冬に寒さで凍った土地を『凍土』と言います。

ならば、春は何と言いますか？　『春将軍』です。その土地は『春土』と言います。凍土の凍りついた地が、春を迎えて種を蒔《ま》く準備をする時なのです。それでは、農夫はどうしますか？　冬の間ずっと計画を立てます。私が春に何を、どのような種を蒔いて、秋に多くの収穫を得られるかを考えます。そして昔ながらの方法でやる人もいますが、より教育を受けて学ぶ人々は、どのように現代文明の利器を使い、より良く、より大きく、そしてより多くの収穫を得るための勉強をするようになり、より努力するようになるのです。現在、皆さんがみ旨の前において農夫であるならば、皆さんに賦与された氏族的メシヤの使命が皆さんの沃土となります。沃土を作るのか、もしくはそれを薄土とするかは、まさしく皆さん自身にかかっているのです」（二〇一三年四月二十五日、御聖婚53周年式におけるみ言より）

このように、私たちは良き畑をつくる良き農夫とならなければなりません。

そこに新しい種が蒔かれてこそ、よく育つようになるのです。畑がない所に種をいっぱい蒔いて、「こんなに一生懸命蒔いたのに、なんで育たないんだ！」と怒るような、ナンセンスなことがないようにしなければなりません。

私たちの教会や地域コミュニティーに愛の関係をつくり出し、見せてあげることができれば、それは最高の伝道環境となります。「伝道環境創造」とは、立派な施設を造るという外的側面だけでなく、こうした内面をしっかり構築することをも意味しているのです。愛を説明するのには時間がかかりますが、愛を見て感じるのは一瞬です。それは神様と人間が出会う奇跡の瞬間でもあります。復帰されてきた人の証しを聞けば、み言との出合いだけで復帰されてきたのではなく、霊の親や教会の食口たちとの出会いがあったことが分かります。

人が愛を感じると、どうなるのでしょうか？　真のお父様は真の愛について、次のように語っておられます。

「夢中で花の蜜を吸っている蜜蜂のしっぽをピンセットで引っ張ってみてください。しっぽが抜けて体から離れても、蜜から口を離さない蜜蜂を見ることができるでしょう。皆様はどうでしょうか。皆様が本当に神様の真の愛の味を知るようになれば、たとえ遠くに離れても、また戻ってきて、その真の愛にしがみつこうとするのです。このように、神様と連結させてくれる縦的な真の愛の力は、生命の力よりもっと大きいということです」（天

一国経典『天聖経』１３８８ページ）

このように、真の愛を感じるようになれば誰もがつながってきて、離れられなくなるのです。サタンですら、真の愛が現れたなら、それに屈伏するしかないのです。それが真理に基づいた真の愛の力です。これ以上の強い力は存在しません。

愛の畑をつくる

そのためには、まず私たち祝福家庭同士がよく連合しなければなりません。

私たちは「家庭連合」です。「名は体を表す」と言います。祝福家庭が互いによく授受作用しながら氏族のような関係となり、大家族世界のひな型をつくるのです。

今は、「愛を見せて」伝道する時代です。

人を伝道するために必要な栄養素は「真の愛」です。愛は一人では生まれません。その愛をどこで育むのでしょうか？

それが、神氏族メシヤが協力し合ってつくる「地域集会」なのです。そこが「愛の畑」とならなければなりません。よく耕された畑のように、一つになって人を愛することができる「愛の畑」とならなければなりません。

「奇跡のリンゴ」という話があります。映画にもなりましたから、ご存じの方も多いと思いますが、簡単に紹介します。ここに、「愛の畑」づくりのヒントがあります。

青森県の岩木山の麓に、八百本ものリンゴの木を持つ木村さんという農家がありました。リンゴは害虫に弱く、たくさんの農薬を使わなければなりません。しかし木村さんは、散布のたびに体の具合が悪くなっていく奥さんの姿を見て、無農薬栽培を決意するのです。しかし一九七〇年代当時、それを成功させた人は日本中どこにもいず、木村さんの考えは常識を超えたものでした。

案の定、さまざまな方法を試したものの効果がなく、木は害虫に侵され、枯れていきました。それでも諦めず、冬は神奈川県の川崎に出稼ぎに行き、公園で野宿をしながら日雇い労働をして資金を作ったのです。

こうして六年が過ぎましたが、状況は変わらず、ついに限界が来ました。借金が膨れ上がり、税金を滞納し、電気代や水道代も払えず、電話も止められてしまいました。

近所や親戚中から、「いいかげんに目を覚ませ」「奥さんや子供のことを考えろ」などと言われて愛想を尽かされ、友人も離れていきました。木村さんは、「カマドケシ」（破産者の意）という、津軽弁最悪の蔑称で呼ばれるようになりました。

「私のお父さんはリンゴを作っています。だけど私はお父さんの作ったリンゴを一度も食べたことがありません」という娘の作文を見た木村さんはがく然として心が折れ、ついに自殺を決意するところまで追い込まれました。

ある晩、岩木山に登り、木の枝にロープをかけて首をつろうとしました。しかし、うまくいかずに地面に倒れたときに、頬に触れた山の土が、自分の畑の土とまったく違うことに気がついたのです。その土はふかふかして、香りすらあり、命を感じたのです。

そのとき木村さんは、天からの啓示のように悟りました。

「そうか、問題は木ではなく地面だった！　今まで、リンゴの木の見える部分だけ、地上のことだけを考えていた。目に見えない地下のことを考えていなかった。リンゴの木はリンゴの木だけで生きているのではない。自然の中で生かされているんだ」

こうして迎えた七年目、木村さんは「畑」に注目し、山の土に近い土作りに取り組みました。すると八年目の春、ついにリンゴの花が七輪、咲いたのです。そして、二個の小さな実がなりました。奥さんとふたりで神棚に供えて感謝しました。

九年目、リンゴの花は満開となりました。こうして実ったリンゴは不思議と時間がたっても腐らず、「奇跡のリンゴ」と呼ばれました。

今では有名フランス料理店でも使われるようになり、めったに手に入らない高級リンゴとなっています。

木村さんはこう語っています。

「人間にできることなんて、そんなに大したことじゃないんだよ。みんなは、木村はよく頑張ったって言うけど、私じゃない、リンゴの木が頑張ったんだよ。だって、人間はどんなに頑張っても自分ではリンゴの花一つも咲かせることができないんだよ」

（参考、石川拓治著『奇跡のリンゴ』幻冬舎刊）

このように、重要なのは畑であり土なのです。どんなに種が素晴らしくても、良い畑に蒔かなければ、よく実ることはありません。ましてや、畑でもない、何の準備もないところに蒔いているとしたら、その結果は推して知るべしではないでしょうか。

「集団知性」が働く関係

「集団知性」というのは、聞き慣れない言葉かもしれません。

これは原理用語ではなく、一般社会から生まれた言葉です。しかし、その内容は、私たちが学んだ創造原理の世界なのです。

夏の日に青々と繁る、一本の木があります。その木を真上から見ると、どうなっているでしょうか？　幹を中心に枝が放射状に広がっていますが、葉の一枚一枚が重ならないように見事に調和しています。すべての葉が平等に太陽の光をよく受けることができるように、互いが自らの位置を調節しているのです。葉の一枚を生かしてこそ、その木全体がよく生きることができることを知っているのです。全体と個体が調和して生きる、真の「知性」がそこにあります。

これが、「集団知性」が働いた姿なのです。それは、神様の知性の発見でもあります。神様が創造された自然界は、全体もきっとそのようになっていることでしょう。それが自然の姿です。

そうだとすれば、私たち人間もそのようであるべきでしょう。そうなれば、どんなに人類が多くなったとしても、「集団知性」によって、より良く、調和して生きることができるはずです。

このように、「集団知性」とは、集団やコミュニティー内における相互作用を通じて発揮される、互いを生かすための知性です。

今まで、一人の優秀なリーダーによって導かれるというのが、一般的な組織の理想像になっていました。しかし、最近では考え方が変わってきているようです。一人の考えから出る知性よりも、みんなで生み出す知性のほうがさらに高い知が生まれることが分かってきたからです。

印象深い話があります。

米国・モンタナ州のある町で、ユダヤ人家庭が窓辺にメノーラー（ユダヤ教の祭祀《さいし》に使う七枝の燭台《しょくだい》）を立てていました。ある日、その家に何者かが侵入し、めちゃくちゃに荒らしました。明らかに、反ユダヤの思想を持つ者による迫害、嫌がらせの暴力でした。

町の人々が集まって、話し合いました。翌日、町のすべての家の窓辺にメノーラーが置かれていました。犯人に対する、自分たちの町のどの家庭に対する暴力も絶対に許さないというメッセージであり、非暴力で問題を解決する見事な「知性」ではないでしょうか。

そこには、一つの家庭に対する暴力を、町の全家庭に振るわれたものと受け止める連帯感があることが感じられます。「集団知性」とは、このようにグループやコミュニティーの結束から生まれてくるのです。その結束は、どこから生まれてくるのでしょうか。それは、互いを必要とする関係性からです。

「集団知性」の考え方においては、必要でない人は一人もいません。

これは創造原理的な人間関係の考え方です。創造原理によれば、人間は同じ神様の子として創られ、またみな、違う個性を持った、「個性真理体」として創造されたとあります。同じ人は一人もいないのですから、物の考え方や見方がみな違います。したがって、不必要な人は一人もいません。より多くの人が考え方を共有してこそ、より完成した姿に近づくのです。

また、個性があるのは、それを発揮して「為《ため》に生きる」ためです。

人間が成長するためには、他の人と関係を持たなければなりません。関係性は互いの必要性から生まれます。誰もが、他の人の必要性に応えるために個性を授かっているのです。そこには、要らない人は誰もいません。自分や周りが、必要性や個性を見いだせていないので、そう見えるだけなのです。

それを見いだせるコミュニティーになってこそ、人が生きる「愛の畑」として機能するようになるでしょう。

伝道にも、「集団知性」の力が必要です。

伝道を進めていくと、人はみな一様ではなく、性格や歩んできた人生、蕩減《とうげん》的背景などによって違いがあることが分かります。人を愛して導くには、同じやり方一辺倒ではできません。そこに知恵が必要です。

自分一人で考えても、どうにも知恵が浮かばないときもあります。そうすると思考停止に陥ってしまい、伝道がうまく進みません。

そこで必要なのが、「集団知性」です。

同じ目的を持った者たちが共に学び、力を合わせて考えたとき、単独で考え、対応した場合よりも、さらに賢明で優れた方法、そして結果を生み出す力となります。神様のみ旨を成し遂げるという同じ目的を持った「家族」や「地域コミュニティー」こそが、その土台となります。

その構成メンバーが同じ目的を持ち、お互いに品性を持って対さなければなりません。他人に起こっていることを自分に起こっていることと感じ、考えるときに、「集団知性」は生まれてくるのです。

傾聴と必要性

真の父母様は、「為に生きる」ことの大切さを教えられました。

「為に生きる」には、まず、「関係性」がつくられなければなりません。まず、その人が何を必要としているかという「必要性」を知らなくてはなりません。それに応じることで、「関係性」が生じるのです。それが「絆《きずな》」です。その絆がより大きな相互関係をつくるのがコミュニティーです。

「必要性」を発見するためには、「傾聴（ディープ・リスニング）」が必要になります。「傾聴する」というのは、そのコミュニティーの中で、何が本当に起きているのかに関心を持つことです。お互いに相違を感じたとしても、否定してはいけません。

「セーブ・ザ・チルドレン」という国際NGOがあります。そのグループがベトナムの貧困問題を解決した話があります。

ある村で、子供たちの栄養失調が問題になり、その解決に取り組みました。しかし、貧困と劣悪な衛生環境、限られた食糧配給システムの壁に阻まれ、どうすることもできませんでした。諦めかけましたが、各家庭の状況を傾聴していくと、あることに気がついたといいます。

同じ環境の中にあっても、ある家庭の子供は栄養失調になっていなかったのです。調べてみると、その家庭には重要な食習慣の違いがあることが分かりました。ほとんどの家庭は、食べ物に困窮すると、食事の回数を減らします。しかし、その家庭では、どんなに食糧が少なくても、一定の間隔で三回に分けて食べさせていたのです。

答えはすでに集団の中にあったのです。それを人々に伝えると、問題が改善されていきました。それが、ベトナムの二六五の村、二二〇万人にまで伝わり、さらに国を越えて二十カ国以上に広がったというのです。

一見、答えがないように見える問題も、実は解決する道が開かれていて、ただ、コミュニケーション不足ゆえに、知らないだけということもあるのです。私たちにも、そういうことがあるのではないでしょうか。

今まで人類は、「集団知性」の力を発揮した姿を、天の父母様（神様）にお見せすることができませんでした。家庭をつくっては家族同士で憎しみ争い、民族や国をつくっては戦争を繰り返してきました。

ある学者が、人類歴史の中で、どれくらいの人が戦争の犠牲になったかを調べたそうです。そうしたら、五万回の戦争が起きていて、五十億人が死んだというのです。つまり、今の人類を一回滅ぼすくらい多くの血を流してきたのが人類歴史なのです。

また、歴史を経て人間は進歩してきたといいますが、同じ地球星で暮らしながら、一方では十億人が飢餓に苦しみ、毎日四万人が餓死しており、一方では同じ十億人が、過食が原因で生活習慣病や肥満で苦しんでいます。これが、「知性」ある人間の姿だといえるでしょうか？

このように、人間は集まれば集まるほど、醜くなり、悪くなり、無知になっていくのです。それは堕落性があるからです。集団に及ぼす堕落性なのです。

今、教会で進めている家庭・地域集会運動は、「集団知性」の力を発揮させるためのコミュニティーづくり運動です。それは人間が堕落性を脱ぎ、サタンの主管圏から離脱するための活動でもあります。

その共通目的は、真の父母様から授かった天国の鍵である、「神氏族メシヤ」の使命を成し遂げ、救国救世基盤を造成することです。

隣人愛に学ぶ

復帰摂理歴史は、失われた成長（期間）を取り戻し、人間同士の関係性を取り戻すことでもあります。

それゆえ、天の父母様（神様）は、人間に本然の人間関係の姿を取り戻させるように、旧約時代、新約時代、成約時代を経ながら、復帰摂理歴史を導いてこられました。

旧約時代は、万物を供え物（祭物）にして、息子、娘を捜すための期間でした。それで、人間の代わりに祭物となって裂かれてきた万物の痛みを感じなければなりませんでした。それが万物による祭物の歴史です。

人間は、堕落によって万物よりも劣った立場になったために、人間の代わりに万物を犠牲にして血を流しながら、復帰の道をたどってきた旧約時代なのです。そのようにして、神様との縦的関係を回復しようとした期間でもありました。

そうした条件の基台の上に迎えるのが新約時代です。

この期間は、子女が祭物となって父母を探すための期間です。そして、人間同士の横的関係を回復する期間にもなります。ですから、キリスト教では、聖書にある「第一の戒めはこれである。心をつくし、精神をつくし、思いをつくし、力をつくして、主なるあなたの神を愛せよ。第二はこれである。自分を愛するようにあなたの隣人を愛せよ。これより大事な戒めはほかにない」（マルコ一二・29―31）のイエスの言葉に基づき、「隣人愛」の実践を重視してきたのです。

その「隣人愛」を生涯かけて実践した一人が、マザー・テレサです。

「私たちが兄弟姉妹の飢えを満たす一つの道は、私たちが持っているものを彼らと分かち合うこと、しかも彼らが感じているような痛みを私たちも感じるまでに分かち合うことなのです」

「貧しい人々の中でも最も貧しい人々は、私たちにとってキリストご自身、人間の苦しみを負ったキリストに他なりません」

「この地上で神と共にある幸せを享受するためには、次のようなことが必要です。神が愛されるように人を愛すること。神がなさるように人の手助けをすること。神が与えるように人に与えること。神が手を差し伸べてくださるように人に手を差し伸べること。二十四時間、一日中神様の御前に生きること。そして貧しい人々、苦しんでいる人々の中におられる神様に触れていること」

（渡辺和子著『マザー・テレサ「愛と祈りのことば」』ＰＨＰ研究所刊より）

これらの言葉に、隣人愛の世界が表現されています。それは、神様の愛を人間の愛として伝え、与えることであり、すべての人間の中に神様やイエス様を見いだすことなのです。

マザー・テレサは、インドのコルカタ（カルカッタ）という町で、家もなく、道端で死んでいく貧しい人々の世話をしました。現実的に助けることはできません。しかし、「あなたも、神様から愛されているのですよ」というメッセージを伝え、水を飲ませてあげました。

なぜそのような活動を続けているのかとある人が尋ねると、マザーはこう言いました。

「あの貧しい人たちは、私なのです」

そして、ボランティアに来た若者たちをこう戒めました。

「あなたがたは、ボランティアに来たと思っているでしょうが、ボランティアされているのはあなたがたなのです。あなたがたが貧しい人のなかでも、もっとも貧しい人に仕えるということは、すなわち神様に仕えることなのですよ。このことだけは決して忘れてはいけません」

マザー・テレサは修道女なので、生涯独身だったのですが、家族の大切さを教えました。

「あなたがたは、自身の家庭で家族とともにこの愛することの喜びを体験してほしいのです。なぜなら、愛は家庭から始まるからです。どのように始めたらいいのでしょう。共に祈ることから始めなさい。共に祈る家庭は、共に居ることができます。共に居るならば自然に神があなたがたを愛するように互いに愛し合うようになります。家に帰ったなら、いつも一緒にいるようにしなさい。家族を一致させなさい。大切なことはどれだけ物を与えたかということではなく、どれだけ喜びを与えたかということなのです。いつも一緒にいなさい。たとえ誤解があったとしても、共にいなさい。許し忘れてあげなさい。そうすれば、神様の愛を心から感じることでしょう」

（五十嵐薫著『マザー・テレサ愛の贈り物』ＰＨＰ研究所刊より）

マザー・テレサは、怪我で腐った傷口に湧く蛆虫《うじむし》を躊躇《ちゅうちょ》なく取ったといいます。しかし、新しく修道女になった者たちは、それができません。その時にマザー・テレサは、こう言いました。

「彼女たちを許してください。彼女たちは愛は知っているのですが、まだ実践できていないのです」

私たちも同じような姿でしょう。

愛は知っているのですが、まだ実践できていないのです。旧約時代の蕩滅の上に新約時代を通過してこそ成約時代になります。成約時代は本然の四大心情圏を中心とした四大愛が完成する時代ですが、今までの私たちは、旧約時代の上に直接成約時代を乗せようとして、うまく乗らないような姿だったように思います。

ですから、キリスト教の隣人愛に学び、失われた人間関係を取り戻す努力が必要なのです。

そろそろ成長しよう！

私たちの地上生活の時間は、刻々と少なくなっていきます。

真のお母様は事あるごとに、「有終の美を飾る生き方をしなさい」「人生は最後が大事です」と教えてくださいます。

私たちがただ「完成」を願っているだけでは、後孫に残す基盤をつくることはできません。そこに近づいていくためには、日々、成長しなければなりません。

そろそろ成長しようではありませんか！

「成長」は、愛の関係性を広め、深めることで成されます。それを短時間に成熟させるための活動指針が、「地域化」なのです。私たちは自分の故郷を「くに」と呼ぶことがありますが、それと同様に、自分の住んでいる地域を自分の国と考えてみましょう。救国救世は、大きなところ（グローバル）から始まるのでなく、小さなところ（ローカル）から始まります。

小さな細胞一つ一つが連帯して一人の人間の体になるように、小さな地域の連帯によって国が成り立っているのです。

同じ地域に住んでいる食口たちが、「神氏族メシヤを勝利したい」という動機で一つの伝道チームになりましょう。

「祝福家庭」同士が、「大家族主義」で真の父母様に直結された「祝福氏族」になりましょう。そして、互いの家族復帰、氏族復帰、知人復帰に協助し合いましょう。できないことを挙げるのでなく、できることを探しましょう。裁き合うのではなく、互いの小さな成長を確認し、賛美し、励まし合う関係をつくっていきましょう。

これから私たちは成長していくのです。

〝成長感〟を感じた分だけ「しあわせ感」となり、それが〝天国感〟となって、天一国時代を生きる恩恵を肌身で感じて生きていくことができるでしょう。

愛郷心は愛国心に通じます。

「自分の住んでいる地域を平和で安全で幸福な良い地域にしよう」という心で、世の中の義人とつながりましょう。その人たちは、間違いなく私たちと同じことを願っているはずです。相対基準が結ばれれば授受作用が始まり、関係性をつくることができます。関係性の延長線上に伝道があるのです。そして、その先に私たちの願う国があるのです。

第八章

神氏族メシヤ地域活動による救国救世基盤造成

主権と地域の関係

「まず神の国と神の義とを求めなさい」（マタイ六・33）

聖書にあるように、神様の摂理は、国を目指してきました。

「私たちが作戦において、最も重要な高地を奪還してこそ勝利できると考えるとき、今現在皆さんが処している高地はどこですか？　国家の復帰という高地です」（2017天一国指導者新年特別集会、二〇一七年一月三日、天正宮博物館）という、真《まこと》の父母様のみ言《ことば》を見ても、それは今日まで続く天の摂理的最終目的です。

では、私たちが目指す国は、どのように成されていくのでしょうか？

国は、主権と領土と国民から成り立っています。

主権は天から始まると言えます。なぜなら、主権には、「なぜあなたが私たちを主管するのですか」という問いに答えることができる正統性がなければならないからです。愛国心に満ちた国民は、自分の命のように国を愛します。ですから、その国は、国民が命をあずけるほどの正統性があるかが重要です。

神様の復帰摂理から見ると、サタンは偽りの血統につながっていることを条件にして、堕落人間の所有を主張してきました。血統は愛と生命にもつながっていることから、人間の命をも主管する正統性、すなわち主権を握ってきたのです。これがサタン（悪）主権世界です。

これを本然の父母である神様が復帰しなければなりません。それが、神（善）主権世界です。ですから、善主権の復帰が復帰摂理の最終目標になるのです。

真のお母様のみ言にある「国家の復帰という高地」とは、神様の復帰摂理の最終目標を示していると思われます。

そして、その一日を迎えるために、選民たちの気が遠くなるような年月をかけた、苦難と殉教の歴史があったのです。神様の主権を復帰するためには、その主権、すなわち神の国を信じる信仰が、自ら進んで命まで捧げるほどの価値を持っていることを証明しなければならなかったからです。

そのような連続した血の祭壇を背負い、神の国を求めるその祈りにこたえるべく立ち上がった方が真の父母様でした。そして、真の父母様は万苦の果てについに神様の主権を実体化してくださったのです。

それがいつ成されたのでしょうか？　それこそが「天一国基元節」であったことを私たちは知っています。

ここにおいてイスラエル、クリスチャン、成約聖徒の三時代圏にわたる選民の悲願である神様の主権が復帰されたのです。

天国はどこから来るのか

一方、実際の人々の暮らしとなると、それは地から始まると言えます。

人は誰しも一人では生きていけません。より豊かな暮らしを目指そうとすれば、より多くの人々が協力し合って生活環境を整えていかなければなりません。これが地域コミュニティーです。人間の社会の始まりを原始共同体社会とも言います。

そして、より大きなまとまりをつくるために、地域ごとの代表者が現れ、より大きな次元で協力し合って経済を発展させ、ルールや仕組みを作っていくのです。こうして社会ができてきます。

このように、主権は天から来ますが、実際の人々の暮らしは地域社会で営まれてきます。これが一つになって国が成り立っているのです。

天一国時代を生きている私たちは、神主権世界で暮らしている初めての人類です。幸運な者たちです。しかし、実際に「私たちは天国で暮らしている！」という実体の生活感がまだありません。

基元節を迎えた後、ある食口《シック》（婦人）からこんな訴えを聞いたことがあります。

「基元節を迎えたら、うちの〝あの人〟は変わると思って今まで頑張ってきたんです。なのに、基元節を迎えても、うちの〝あの人〟は全然変わらないのです」

〝あの人〟が誰なのかはご想像にお任せします。しかし、私はその話を聞いて、その方の天国観が分かりました。

天国観には、天国はどのような世界であるかということとともに、天国はどのようにできるのかという思想が現れます。宗教の違いはこれによると言えるくらい、重要なポイントになります。

その方にとって、天国は時が来たら「来る」ものだったのです。また宗教によっては、天国は「行く」ものだというところもあります。あるいは、心の中にあるものだという考えもあります。

私たちが真の父母様から教わった原理的な天国観とはどのようなものでしょうか？　それは「来る」でも「行く」でもありません。「創る」ものです。天一国主人として天国を創らなければならないと教えられたのです。

このように、天一国時代が到来したとしても、直ちに〝天国感〟に満たされるわけではありません。それは、私たちが神様、真の父母様を中心とした地域コミュニティーをつくり、社会をつくってこそ実感できるということを知らなければなりません。

条件的に見ると、もはやサタン主権世界は存在しません。今や天の目から見れば霊界・地上界のすべては神様の主権世界であり、神様の民という時代なのです。

私たちは今まで教会の外の世界を、「非原理的世界だ、サタン世界だ」と言って見るな、触れるなと、嫌って避けていたかもしれませんが、そのような時代は終わっているのです。

ですから、今、私たちは積極的に地域、「この世」に出ていかなければなりません。そこも神様の地なのです。それにもかかわらず、神様も知らず、真の父母も知らずに生きている人間の姿を、天は切なく見つめているのです。ですから、私たちが地域の主人となって復帰しなければならないのです。

真の父母様は「天に対する孝情、世の光へ」というスローガンを下さっていますが、それはまさに天への孝情を先立て、「世の光」になっていくという時代の方向性を羅針盤のように示してくださっているのです。

氏族メシヤのチーム化

地域に出てみると、この世の人々もさまざまなコミュニティーを形成しながら助け合いの仕組みをつくり、より良い地域をつくろうと努力していることが分かります。「一般社会の人はみんな自己中心」と思い込んでいるかもしれませんが、一般社会にも「為《ため》に生きる」人々はいるのです。

ですから、地域に出るためには、祝福家庭もよく連帯することが必要です。しかし、今までは「氏族メシヤ活動」というと、個別の家庭ごとの孤独な闘いをしていたのではないかと思います。

この課題を克服しようとするのが、「氏族メシヤのチーム化」という取り組みなのです。産経新聞の記事（二〇一八年一月三十日付一面）に興味深い記事が載っていましたので紹介したいと思います。「日本競泳 個人競技にチームの概念」というタイトルがついています。

要約すると次のような内容です。

アトランタオリンピックで日本代表に選ばれた当時中学三年の青山綾里選手は、直前の日本選手権大会一〇〇メートルバタフライ予選で、日本人女子で初めて一分の壁を破る日本新記録（59秒47）を出し、世界新記録まで期待できる逸材と言われていました。しかし、オリンピックの本番では失速して六位と、期待を裏切る結果になってしまいました。全体でもメダルがゼロと惨敗だったのです。

その時の青山選手は、「あぁ、一人で戦わなきゃいけないんだ」という孤独感に襲われ、「私もダメかもしれないいな……」と泳ぐ前から弱気になっていたといいます。オリンピックの大切さや周りの期待を感じながらも、「選手個々が責任を背負い込み、支え合うこともできなかった」というのです。

こうして夢の舞台であるはずのオリンピックは、「暗くて寒い場所として胸に刻まれた」というのです。

その再建を託されたのが上野広治ヘッドコーチ（二〇〇五年から代表監督）でした。

上野コーチは、「代表のチーム化」という方針を打ち出します。

つまり個人競技にもチームという意識が必要だというのです。泳ぐのは一人一人なのですが、「一緒に泳いでいる」という意識を持たせようしたのです。ネットの掲示板やＬＩＮＥを活用して、共に戦い、共に喜び、励まし合うという関係性をつくることを選手たちに徹底しました。すると雰囲気が一変して明るくなり、周りからの雰囲気に呑《の》まれて負けなくなったというのです。

成績もそれに反映しました。

上野コーチ就任からの二十年で三十五個のメダルを獲得した日本競泳は、毎回夏のオリンピック全体のムードメーカーになっています。

この記事を読んで、青山綾里選手の心情に共感したのは私だけでしょうか？　氏族メシヤの活動に対して、「あぁ、一人で闘わなきゃいけないんだ」という孤独感に襲われたり、「私もダメかもしれないな……」と弱気になったりしませんでしたか？　氏族メシヤの大切さや周りの期待を感じながらも、「個々が責任を背負い込み、支え合うこともできなかった」ということはありませんか？　そして、夢の舞台である はずの氏族メシヤは、「暗くて寒い場所として胸に刻まれた」かもしれません。

今まで氏族メシヤ活動は各人各家庭の責任とされ、教会の活動ともつながらない孤独な闘いだったのではないでしょうか？　力不足を感じ、現実の壁に屈せられ、自信を失った人も多かったのではないでしょうか？

地域化とは、「氏族メシヤのチーム化」とも言えます。

地域ごとに神氏族メシヤチームが派遣されているようなものです。チームのメンバーは、お互いの氏族メシヤ活動や伝道活動を協助し合う関係をつくるのです。そこに「内なる力」をつくり出し、力負けしないようにしながら推し進めていこうというものです。

実際に氏族が四三〇家庭も復帰されれば、もはや地域です。氏族が多くいる田舎に基盤をつくることだけを考えているかもしれませんが、今住んでいる地域に基盤をつくることも、救国救世基盤造成という目的においては同じです。天の哀しみは「基盤」がないということなのですから、重要なことは「基盤」をつくることなのです。

「地域化」のすすめ

あるとき、韓国に行く飛行機の窓から、富士山が見えました。そのとき私は、「これは地域のモデルだ！」と直感したのです。

「富士山はなぜ美しいのか？　それは裾野が美しいのだ」ということに気がついたのです。山の大きさや形はもちろんですが、裾野がそれを際立たせています。どこからが平地で、どこからが山なのでしょうか？　その境目がないのです。スッと地面から自然に生えたかのように山が出てきています。

各教会は、それぞれがその地域の「地域教会」です。その地域を復帰することがミッションです。ところが、今まで教会は地域につながっていませんでした。まるで「天空の城」のようだったのです。地域の救いのために教会があるのに、そこに教会があることを地域の人は知りません。知っていたとしても誤解されていたり、何をしているか分からないところと怪しまれています。

「天空の城」に行けるのは、「空を飛べる人」だけです。

今まで教会は、特別な人だけしか入れない場所でした。「みんな来なさい」と言っても、そこに行けないのです。つながりがないからです。だから人がつながりにくい、境界線がある感じがするのです。

このように、今まで、「教会」と「地域」にはつながりがありませんでした。そこに人が行き来するのは難しいのです。地域の人がみなで教会に来られるようにするには、つながりが必要です。

それが、「家族愛」と「郷土愛」です。

まだ教会に来ていない人たちの中にも、家族を大切にし、心から愛している人たちがいます。そして、自分が生まれ育った郷土を愛している人たちがいます。そこが平和で安全な地域となることを願い、努力している人たちがいます。それは私たちとまったく同じです。つまり、家族愛と郷土愛で彼らとつながることができるのです。

今や、天一国安着の時代です。すなわち、「荒野流浪時代」から「定着時代」に変わっているのです。

教会がその地に定着するには、〝天空〟から下りてこなければなりません。そして、どこからが教会でどこからが地域なのか、その境目が分からないほどになる必要があります。それが、多くの人を教会へとつなげるための重要な「伝道環境創造」になるでしょう。

それが「地域化」の取り組みです。そして、それに対応できる教会をつくるのが、「天一国時代の教会づくり」なのです。

真の「家庭連合」になる

人が集まれば、さまざまな堕落性によって傷ついたり、衝突したりする可能性もあります。油断すれば不平不満を言い合うことになるかもしれません。しかし、交流をしなければ、成長も発展も望めないでしょう。

私たちが成長し、発展するためには、神様を喜ばせたいという「孝情」を中心に一体化することが重要です。「紳士協定」という言葉がありますが、私たちは「孝情協定」を結びましょう。神様、真の父母様が見てほほえましく、希望に思ってくださるように、祝福家庭同士が交流していきましょう。

食口は選ばれた善なる人たち、「いい人たち」なのです。ですから、この世界にある、どのような人間関係よりも魅力的な関係をつくることができるはずです。

それはまた、「健康な教会」づくりにつながります。健康とはバランスです。信仰の力だけで推進する教会ではなく、愛の力で推進する教会にしていきましょう。互いの不足を指摘して裁き合う関係ではなく、互いの成長を認め合うことのできる、喜びの関係をつくっていきましょう。


地域ごとに「地域集会」ができる家庭や場所を探し、地域コミュニティーをつくっていきましょう。これからは、所属教会だけでなく、所属地域を持ちましょう。「私は○○家庭教会の○○地域所属です」と言えるようになるのがいいと思います。そして各コミュニティーは、「神氏族メシヤを勝利したい」という動機で集まり、互いの伝道に協助し合う「伝道チーム」になるのです。

こうしてつくった「地域集会所」に、まだ教会員でない人や、礼拝に来ていない人が加われば、そこは「地域伝道所」になります。さらに、共に地域礼拝を捧げることができるようになれば、そこは「地域教会」へと成長していくでしょう。

そうした地域教会づくりに参加し、協力していく中で、各人が神氏族メシヤになるために必要な自信や能力を培い、技術を習得していくのです。そうすれば、地域教会は神氏族メシヤのための道場になるでしょう。

地域集会の場は、公共の集会所などではなく、「家庭」であることが望ましいと思います。当たり前の話ですが、家庭という場所は、雰囲気がとても「家庭的」です。それは、新しい人が安心して心を開いてくれる、素晴らしい伝道環境なのです。

これまでは、教会に来てもらうために、さまざまなイベントを企画し、説明や説得をしてきました。それに対し、「うちに来ない？」と誘うことに説明が要るでしょうか？　家に来てもらうための説明は不要なのです。

第二の開拓伝道期

日本家庭連合は宣教六十年を超えました。

二〇一八年七月一日には真のお母様を日本にお迎えして二万名大会（2018神日本家庭連合希望前進決意二万名大会）が開催され、新たな出発の決意を天が祝福してくださいました。六十は、人間の年齢で言えば還暦です。それは、人生が一巡して終わり、後の代に何かを残すための第二の人生が始まるという意味があります。真のお母様も二万名大会で、「（還暦は）終わるのではなく、新しく跳躍する出発点になる」と語られました。

私たちは今、第二の開拓伝道期を迎えているのです。

草創期において、先輩家庭の方々は何の基盤もない中、絶対信仰で、片道切符と小さな黒板一つを携えて、各地を開拓伝道しました。それが今日の日本家庭連合の基盤となっていることを私たちは知っています。

それから六十年を経て、真の父母様から受け継いだみ言と信仰と真の愛を持って地域と氏族を開拓し、救国救世基盤を造成する時を迎えたのです。

今が草創期と違っている点は、真の父母様がたくさんの祝福家庭、神氏族メシヤを立ててくださっていることです。家庭連合時代にふさわしく、祝福家庭が連帯してこの世の中を開拓していくことができる時なのです。


今まで私たちは、教会の中でのアベル・カインの授受作用による力で、摂理を前進させてきていたように思います。しかし、一体化に勝利したアベル・カインは、より大きな次元の「アベル圏」となるのが原理です。

私たちはアベルの立場である神氏族メシヤの連合体となって、いまだ復帰されていないカイン世界である地域や氏族、全国民、全人類に向かって大きく授受作用を展開し、新たなエネルギーで動いていかなければなりません。

そのエネルギーは、今までできなかったことを成す新たな力となるでしょう。

地域や氏族の人々の声に耳を傾けてみましょう。

「救われたい！」というカインの叫びが聞こえてくるはずです。

復帰摂理を導いてこられた神様、真の父母様の声に耳を傾けてみましょう。「カイン（世界）を救いたい！」という叫びが聞こえてくるでしょう。その神様、真の父母様の心とカインの心をつなぐのが、現代のアベルである私たち神氏族メシヤの責任です。

人は誰でも天国を求めています。自分の住んでいる地域が、愛と平和に満ちた場所となることを願っているのです。「良い地域をつくりたい」という思いは、私たちも、まだ復帰されていない人たちも等しく持っています。この「地域愛」こそが、私たちの地域化活動において、地域との授受作用が始まるポイントになります。それを私たちの地域に展開することが「地域化」であり、それが救国救世基盤造成につながっていくのです。

ビジョン二〇二〇の目標の一つに、一〇〇万会員基盤の造成があります。

四三〇家庭がつながる「地域」が全国に約一二〇〇カ所できれば五十万家庭となり、一〇〇万会員に達する計算になります。神氏族メシヤである祝福家庭同士が氏族になり、協力しながら「地域化」に取り組んでいきましょう。

真の父母様の目から見れば、日本もまた世界の中の一地域です。

私たちの足元の地域化から、日本に救国救世基盤が造成され、さらにそれが世界各国につながって地域化されてこそ、世界が一つの国になるのです。

おわりに

今、全国の家庭教会は大きく変わりつつあります。

多くの教会において、牧会者と食口《シック》が一つになり、「天一国時代の教会づくり」が始まっています。

本書では地域化の理論編（原理観・摂理観）に徹して書きましたが、各地で「地域化」の力を活用した多くの実例が生まれています。

今まで、絶対的信仰で真《まこと》の父母様に侍《はべ》ってきた「食口の底力」は、必ずやこの変革期を越え、天一国の実体基盤を築いていくと確信しています。

天に対する孝情が、世の中に大きな光を放ち始めているのです。

二〇一七年から二〇一八年にかけて、全国各地の教会で「地域化講座」を担当させていただきました。どこの教会でも温かく迎えてくださり、本当に感謝でした。

時代の大変革期に、現場の多くの課題と奮闘しながら、たくましく歩んでいる多くの責任者と食口の皆様との出会いがありました。

その中で気がついたことは、当たり前のことかもしれませんが、日本中、どこに行っても教会があり、食口がいるということです。そして、食口はどこに行っても同じだということです。

私たちは、間違いなく、真の父母様の真の愛とみ言《ことば》で同じように教育され、同じ家庭で育った兄弟姉妹なのです。その心は真の父母様とまっすぐにつながっています。

そして、世界も間違いなく一つにつながるでしょう。

私たちには、希望があります。

入山聖基

二〇一八年十月三十日

六五〇〇双祝福結婚三十周年を記念して

愛する妻と子供たちを与えてくださった天に感謝を捧げます。

著者紹介

入山聖基（いりやま　せいき）

1965年、長野県に9人兄弟の長男として生まれる。15歳の時に父が急死し、生きる目的について悩む。大学入学時に母親から統一原理を紹介され、信仰に目覚める。在学中より、青年・学生運動のリーダーとして活躍。卒業後、教会活動に専心し、神奈川、東京で教会長を歴任。2016年から伝道教育局伝道教育部長。

1988年、6500双の祝福を受ける。1男2女の父親。

地域化講座

地域づくりは国づくり　天一国時代の伝道論

2019年1月20日　　初版発行
2020年7月20日　　初版第2刷発行

著　者　入山聖基
発　行　株式会社　光言社
〒150-0042 東京都渋谷区宇田川町37-18
TEL（代表）　03（3467）3105
https://www.kogensha.jp

印　刷　株式会社　ユニバーサル企画

ISBN978-4-87656-203-9